MESUREZ
ET DÉVELOPPEZ
VOTRE

INTELLIGENCE

Catalogage avant publication de Bibliothèque et Archives Canada

Cameron, Milton

Mesurez et développez votre intelligence

(Collection Psychologie)

ISBN 2-7640-0942-9

1. Intelligence. 2. Intelligence – Tests. 3. Niveau intellectuel. I. Titre. II. Collection: Collection Psychologie (Éditions Quebecor).

BF431.C35 2005   153.9   C2005-940091-9

LES ÉDITIONS QUEBECOR
Une division de Éditions Quebecor Média inc.
7, chemin Bates
Outremont (Québec)
H2V 4V7
Tél.: (514) 270-1746
www.quebecoreditions.com

©2005, Les Éditions Quebecor
Bibliothèque et Archives Canada

Éditeur: Jacques Simard
Conception de la couverture: Bernard Langlois
Illustration de la couverture: David Ridley/Images.com/Corbis
Révision: Hélène Bard
Conception graphique: Jocelyn Malette
Infographie: Claude Bergeron

Nous reconnaissons l'aide financière du gouvernement du Canada par l'entremise du Programme d'Aide au Développement de l'Industrie de l'Édition pour nos activités d'édition.

Gouvernement du Québec — Programme de crédit d'impôt pour l'édition de livres — Gestion SODEC.

MESUREZ
ET DÉVELOPPEZ
VOTRE

INTELLIGENCE

MILTON CAMERON

LES ÉDITIONS
Quebecor
QUEBECOR MEDIA

L'intelligence, c'est quoi?

Nous sommes tous distincts, nous avons chacun nos forces et nos faiblesses, et il en va de même pour notre intelligence. Selon de nombreux scientifiques, si de telles différences sont attribuables, pour une large part, à notre patrimoine génétique, ainsi qu'à notre constitution biologique, l'environnement n'en joue pas moins un rôle fondamental, car c'est lui qui nous nourrit, nous stimule.

Reconnaître alors que notre profil intellectuel est lié à notre ADN, lequel, comme chacun le sait, nous est propre, c'est aussi admettre que nos capacités intellectuelles sont héréditaires. Cette théorie est d'ailleurs supportée par un certain nombre de recherches menées sur des jumeaux identiques – ayant le même ADN et évoluant dans le même environnement –, recherches qui ont effectivement fait ressortir que ces jumeaux auraient un quotient intellectuel très semblable. À l'inverse, il en va autrement pour les jumeaux non identiques, génétiquement différents, mais néanmoins élevés et éduqués dans le même environnement. Mais si la génétique explique un certain nombre de différences, il ne faut cependant pas sous-estimer l'environnement dans lequel nous évoluons, car celui-ci est aussi un facteur d'influence. Certains s'entendent même pour dire que l'environnement nous influence dès notre conception. Bien entendu, à mesure que nous vieillissons, plusieurs autres éléments «environnementaux», dont l'entourage, les valeurs transmises, les changements auxquels nous sommes confrontés, les problèmes que nous rencontrons et notre santé en général, sont autant de facteurs qui agissent sur notre intelligence. Il n'est donc pas étonnant qu'une majorité de scientifiques s'entende pour dire que le patrimoine génétique et l'environnement nous influencent de façon équivalente. Il ressort néanmoins de ces innombrables études, et il faut le souligner, que plus les personnes se prêtent à ces tests visant à mesurer le quotient intellectuel, plus les facteurs génétiques s'imposent – la plasticité du cerveau diminuant avec l'âge, l'impact environnemental s'atténue.

Tout cela nous conduit donc à affirmer que, dans le cas de l'intelligence, l'inné est aussi important que l'acquis, ce qui signifie, en d'autres termes, qu'il nous est possible de développer notre intelligence, de l'aiguiser, de l'améliorer ou de l'affiner. Ne nous sous-estimons pas : chacun de nous est intelligent d'une façon ou d'une autre, et il nous est possible à tous de développer ce potentiel intellectuel pour nous aider à favoriser la bonne utilisation de nos forces dans notre vie quotidienne.

Avec un stimulus approprié, il est possible de développer chacune des intelligences – car il existe plusieurs formes d'intelligence, comme vous le verrez au fil des pages de ce livre – de façon à atteindre un niveau de performance qui vous étonnera vous-même. Avec ce livre, vous avez les outils de base, à vous de vous engager.

Chapitre 1

Intelligence et quotient intellectuel

À l'origine, le quotient intellectuel était un outil de comparaison entre une note obtenue par une personne sur un test de développement intellectuel et la moyenne des notes obtenues par les autres personnes de la même tranche d'âge (les pionniers en la matière sont deux psychologues français, Alfred Binet et Théodore Simon, qui ont mis au point, en 1905, des tests pour mesurer l'intelligence des enfants âgés entre 3 et 15 ans), la moyenne de référence étant 100. Depuis près de 50 ans, le QI ne représente cependant plus ce rapport, mais un écart par rapport à cette moyenne théorique de 100. La distribution des résultats obéit ainsi à une représentation d'une courbe en cloche (du nom officiel de « courbe de Gauss ») dont l'axe de symétrie est basé sur 100. Selon cette courbe, il y a donc autant de personnes qui ont un quotient intellectuel supérieur à 115 que de personnes qui ont un quotient intellectuel inférieur à 85. Il existe toutefois une troisième « version » de ces tests de mesure du quotient intellectuel, plus récente celle-là, et qui est le résultat d'un savant calcul qui ne tient pas compte de la totalité des réponses aux tests.

Comme on le voit, il est donc plutôt difficile de savoir avec exactitude de quel type d'indicateur il s'agit, sans compter le fait que la conception de l'intelligence que sous-entend cette forme de mesure impliquerait que l'intelligence est innée. Or, selon plusieurs, comme nous l'avons évoqué précédemment, ce serait évidemment faux. Une très grande proportion des scientifiques qui se sont penchés sur la question estime d'ailleurs que, tout comme pour le développement physique, nous passons tous, sur le plan intellectuel, par des périodes de progression et de stagnation. Il faut, en outre, garder à l'esprit que des scientifiques ont récemment mis en évidence la «plasticité du cerveau», ce qui nous laisse croire – plus que jamais! – en la possibilité de développer le cerveau, et même en la capacité de celui-ci de reconstruire un réseau neuronal liant certaines fonctions à une nouvelle zone du cerveau à la suite d'un «événement» particulier.

Mais jetons néanmoins un coup d'œil sur le classement général des résultats des tests de quotient intellectuel.

Les tests classiques de quotient intellectuel: critiques

Les tests classiques évaluent les capacités sans faire appel à la résolution de problèmes concrets. Or, nous sommes rarement confrontés, au quotidien, à des problèmes si définis qui n'offrent qu'une solution exacte; en règle générale, l'objectif et les paramètres sont quasi innombrables.

D'autre part, ces tests ne mesurent que les connaissances acquises, et non pas le potentiel intellectuel. Des individus élevés dans des conditions défavorables, par exemple, n'ont pas nécessairement acquis les connaissances auxquelles les tests classiques font référence. On a même noté, dans le même esprit, que lorsque l'on soumet ces tests à des individus non occidentaux, ceux-ci paraissent moins intelligents et moins compétents. Il faut donc garder à l'esprit que des facteurs culturels peuvent également influencer les résultats de ces tests.

Pour corriger cette situation, des tests ont donc été conçus pour évaluer non pas les connaissances acquises, mais les capacités d'apprentissage et d'amélioration de l'individu. Ces tests comportent généralement trois phases : tout d'abord, on estime le niveau de connaissance. Ensuite, les candidats doivent apprendre les règles essentielles à la résolution de problèmes. Finalement, ils sont soumis à un deuxième test qui contient des exercices similaires au premier. C'est alors que les psychologues peuvent mesurer les performances entre les deux tests. Généralement, les individus très intelligents ne s'améliorent que peu ou pas du tout entre les deux tests, mais on estime que cela est dû au fait qu'ils ont déjà obtenu des résultats supérieurs à la moyenne dès le premier test. En revanche, certains individus, qui semblaient, de prime abord, moins intelligents, font des progrès remarquables au deuxième test, ce qui indique qu'ils possèdent un fort potentiel d'apprentissage.

L'intelligence et la diversité

La notion d'intelligence globale est également de plus en plus critiquée, si ce n'est rejetée. N'est-il pas vrai qu'un individu peut posséder un « don » dans un domaine spécifique, mais être limité dans un autre ? L'intelligence, en tant que concept, regroupe un ensemble de capacités particulières. Celles-ci sont en réalité distinctes. C'est d'ailleurs cette conception de l'intelligence qui a mené à l'élaboration de tests constitués de plusieurs épreuves distinctes consistant à déceler des analogies et des définitions, à mémoriser, à calculer, à compléter une suite de nombres, à réaliser mentalement des rotations de cubes ou un pliage en trois dimensions. Conséquemment, avec les différents résultats obtenus, on réussit à établir un profil qui reflète plus fidèlement les compétences de la personne dans différents domaines : compréhension verbale, capacité de calcul, capacité de représentation tridimensionnelle ou encore de mémorisation. La classification est parfois plus précise, incluant des catégories telles que l'habileté motrice, la vitesse de traitement de l'information et la créativité.

Cette multiplication et cette catégorisation des formes d'intelligence ont amené les psychologues à élaborer des modèles pyramidaux pour les hiérarchiser. Au sommet se trouve l'intelligence générale, en dessous siègent une série de capacités spécifiques, et, à la base, se trouvent des facultés encore plus spécialisées. Toutefois, pour les deux derniers niveaux, les experts ne s'entendent toujours pas quant à la nature et au nombre exact de capacités que ceux-ci peuvent comporter.

Faits divers

Pendant longtemps, les scientifiques ont affirmé que l'intelligence progressait jusqu'à l'âge de 20 ans et commençait à décliner entre 25 et 30 ans. Les recherches et les études plus récentes font ressortir de nouveaux faits, et si, effectivement, l'intelligence semble croître jusqu'à l'âge de 20 ans, on croit aujourd'hui qu'elle se maintient jusqu'à 65, voire 70 ans, avant de décliner.

De façon générale, la plupart des études indiquent qu'il n'y aurait aucune différence notable entre les deux sexes. Néanmoins, les statistiques sont moins catégoriques, et semblent présenter des disparités entre les hommes et les femmes dans des domaines particuliers, quoiqu'il soit tout de même impossible d'attribuer des facultés particulières à un individu en fonction de son sexe.

Voici quelques-unes des différences qui ont été notées :

- Les hommes obtiennent de meilleures performances dans le domaine de la représentation mentale, notamment dans la capacité d'imaginer le déplacement des objets dans l'espace ;

- Les femmes obtiennent de meilleurs résultats dans certains domaines, notamment l'expression verbale ;

- En ce qui concerne les mathématiques, il se trouve plus d'enfants surdoués chez les hommes que chez les femmes ;

- En ce qui concerne le quotient intellectuel, les résultats des hommes sont beaucoup plus étalés et extrêmes et ce, qu'ils soient supérieurs ou inférieurs.

En somme, soulignons qu'il existe un autre élément qui laisserait croire à une différence entre les sexes : le fait que les gènes de l'intelligence soient concentrés sur le chromosome X, le chromosome sexuel féminin transmis par les mères à leurs enfants. Une femme a deux copies du chromosome X, tandis qu'un homme n'en a qu'une seule – particularité, si elle s'avérait importante, qui aurait aussi l'avantage d'expliquer pourquoi il y a davantage d'hommes atteints de déficiences intellectuelles. Dans le cas des femmes, donc, même si des gènes portés par l'un de leurs deux chromosomes X sont défectueux, l'anomalie peut être compensée par les gènes homologues de l'autre chromosome.

Abordons un dernier point sous cette rubrique de « faits divers ».

Si nous nous basons sur les résultats des tests pour mesurer le quotient intellectuel afin de déterminer l'intelligence effective, il est démontré que les individus considérés comme les plus «intelligents», au vu de ces résultats, utiliseraient des zones limitées de leur cerveau; ils se distingueraient, entre autres, par le nombre de connexions entre neurones et par la qualité de la gaine, constituée de myéline, qui entoure les neurones et contribue à accélérer la circulation de l'information. Les cerveaux de ces individus profiteraient donc d'une plus grande rapidité de traitement, et d'une vitesse de conduction de l'électricité le long des câbles (les axones qui véhiculent l'information d'un neurone à l'autre) plus élevée. Ils seraient en outre «équipés» de plus de neurones – les fameux synapses. En bref, cela signifie que les individus dotés d'une intelligence «supérieure» assimileraient et emmagasineraient plus rapidement les informations dans leur mémoire à court terme et y auraient accès plus rapidement. Selon certains psychologues, ils utiliseraient aussi plus efficacement les informations lorsqu'ils réalisent des tâches cognitives de compréhension, de raisonnement ou d'apprentissage.

Des scientifiques ont d'ailleurs étudié l'activité corticale sur des candidats réalisant des tâches cognitives. Celles-ci consistaient principalement à mémoriser une liste de mots pour en citer le maximum quelque temps après. Les résultats ont démontré que les cerveaux des individus possédant une intelligence plus élevée que la moyenne (toujours selon les tests de QI) étaient moins actifs que les autres, ce qui expliquerait que leur activité cérébrale est plus localisée, et que leur cerveau fournirait moins d'efforts pour réaliser ces tâches. Pour les autres, dont le cerveau fonctionnait à plein régime, on croit qu'il en est ainsi parce qu'ils ont recours à des régions de leur cerveau qui n'ont pas nécessairement un lien direct avec le traitement de la tâche. Pour les individus considérés plus intelligents, seules les régions concernées par une tâche spécifique seraient activées. Conséquemment, ils consommeraient moins d'énergie.

Chapitre 2

Le rôle des deux hémisphères du cerveau

En politique, on parle souvent de « droite » et de « gauche ». Le terme de « droite » daterait de la période de la Révolution française. On l'utilisait alors pour désigner les députés conservateurs qui se trouvaient placés à la droite du président de l'assemblée, tandis que « gauche » fut employé tout naturellement pour parler de l'ensemble des députés siégeant à la gauche du président, et qui défendaient des idées progressistes. On peut dire que le hasard fait bien les choses ou alors qu'on est en présence des fameux jeux de mots de l'inconscient auxquels Sigmund Freud a consacré un ouvrage intitulé *Le mot d'esprit et ses rapports avec l'inconscient*.

« Droit » nous vient du latin *directus*, qui signifie sans courbure, direct ou à angle droit, au sens propre, et sans détour, juste, exact et vrai au sens figuré. Donc, ce qui est droit a une certaine droiture. Alors que «gauche», dont le mot est issu du latin, bien sûr, aurait été employé à propos d'un homme infirme aux jambes difformes (il s'agit de *valgus*, qui veut dire ayant les jambes tournées en dehors). Gauche a fini par désigner une ligne droite qui tourne brusquement, une déviation et, par opposition à ce qui est droit, adroit, direct, ce qui est courbe, maladroit, détourné.

Ce n'est qu'au XVe siècle, juste un peu avant la Renaissance, que «main droite» remplace «main *dextre*» et que «main gauche» est adopté pour désigner la «sénestre»; cette dernière appellation existe toujours, bien qu'elle ne soit plus utilisée. Mais le terme latin *dextra* est issu d'une racine indo-européenne beaucoup plus ancienne, qui signifiait déjà, à l'époque, «droit, normal», et qui fut créée, semble-t-il, pour désigner un heureux présage. Tout signe venant de la droite était alors considéré comme positif. Il en allait ainsi, du moins, chez les Grecs, qui croyaient qu'un signe provenant de la gauche, c'est-à-dire de la sénestre, était négatif. En revanche, pour les Étrusques, et même les Romains, il en allait tout autrement. Les augures, quand ils provenaient de la gauche, étaient perçus comme favorables. Pour eux, les mots signifiants «qui vient de la gauche» et «favorable» étaient les mêmes. Pourtant, ce sont apparemment les Grecs qui ont eu le dernier mot.

Toutefois, comme nous le savons scientifiquement de nos jours, (nos ancêtres le savaient aussi en exploitant d'autres concepts sur lesquels nous ferions bien de réfléchir et de méditer), notre cerveau est constitué de deux hémisphères, droit et gauche. Une subtile inversion, innée chez tout être humain, existe alors entre les deux hémisphères du cerveau et les parties droite et gauche de son corps. Dès lors, ce que nous pouvons appeler schématiquement le cerveau droit gouverne la partie gauche du corps, tandis que l'hémisphère gauche dirige le côté droit du corps humain. En simplifiant, vous pouvez considérer que lorsque vous vous servez de votre main droite, c'est la partie gauche de votre cerveau qui travaille, et quand vous utilisez votre main gauche, c'est la partie droite qui œuvre.

Au-delà de l'histoire et des concepts, et ce qui nous intéressera sans doute davantage, c'est que les scientifiques qui se penchent sur la question sont aujourd'hui arrivés au constat suivant : l'hémisphère gauche du cerveau est le siège de la logique froide, du verbal ; il jouerait un rôle prépondérant pour les calculs mathématiques et la déduction logique, tandis que l'hémisphère droit, lui, serait responsable de l'imagination, de la créativité, de la conscience de l'espace et des émotions. Bref, l'hémisphère gauche serait celui de la raison, et l'hémisphère droit, celui du désir, des passions et des affects. Mais, dans un domaine aussi complexe, on imagine aisément que tout n'est pas aussi simple. De fait, certaines recherches démontrent que les deux hémisphères agissent dans un processus plus subtil : chaque faculté mentale étant répartie de part et d'autre du cerveau, chaque côté contribue de manière complémentaire et non pas, comme on le croyait auparavant, de manière exclusive. Cela dit, il n'en demeure pas moins que chacun des hémisphères a son rôle à jouer ; découvrir votre hémisphère dominant peut vous aider à mieux vous connaître et à développer plus efficacement votre cerveau.

L'hémisphère gauche

La grande spécificité fonctionnelle de l'hémisphère gauche du cerveau humain est la parole, et l'hémisphère droit n'aurait pas d'accès direct à cette fonction. Cette différence fondamentale entraîne naturellement toute une série de différenciations.

Ainsi, l'hémisphère gauche traduit les perceptions en représentations logiques, sémantiques et phonétiques. Il met en mots ce que nous ressentons et privilégie la communication verbale. C'est la succession des discours sur nos perceptions, ainsi que les réponses que nous y apportons, qui font émerger la conscience individuelle. Sans les mots pour le dire, les perceptions, bien que présentes, demeurent inconscientes ; l'hémisphère gauche les organise donc en un discours cohérent d'où émerge le sentiment d'identité individuelle.

D'autre part, l'hémisphère gauche est fondamentalement logique et analytique. Il excelle dans le domaine du langage, de la pensée, de la parole, de la lecture, de l'écriture, de l'arithmétique et du calcul. Il est capable d'analyses très poussées, très abstraites, sans références au concret. Sur le plan de l'apprentissage, cela signifie qu'il met en œuvre des stratégies déductives et logiques en association avec des concepts qu'il connaît déjà. Il utilise la mémoire déclarative, qui est plus rapide que celle de l'hémisphère droit. Ce dernier apprend et corrige ses erreurs par essais successifs, sa mémoire met en œuvre les perceptions du corps – elle ne s'appuie pas sur des concepts. L'apprentissage de l'hémisphère droit est lent, mais durable.

L'hémisphère gauche procède par séquences ordonnées, par itérations : il envisage les choses les unes après les autres en commençant par la première, poursuivant avec la seconde, la troisième et ainsi de suite.

L'hémisphère droit

L'hémisphère droit, lui, est en quelque sorte spécialisé dans la perception globale des relations, des modèles, des configurations et des structures complexes. Il a peu de souci du détail, mais sa compréhension de la totalité est instantanée, même à partir d'un fragment. La reconnaissance des visages, notamment, est une faculté propre à l'hémisphère droit. La perception et la compréhension de la musique sont également des facultés rattachées à l'hémisphère droit, car si l'hémisphère gauche décortique et analyse la musique, il est incapable d'en avoir une audition d'ensemble. Pour que les notes assemblées deviennent une mélodie, il faut la puissance de synthèse de l'hémisphère droit.

Cette faculté de percevoir un tout à partir d'un fragment donne à l'hémisphère droit la capacité de mettre de l'ordre dans la complexité parfois chaotique du monde. Il participe donc à la construction de classes logiques et intervient de façon importante dans la formation des concepts – une « structure » qui peut exprimer une idée complexe dans un langage condensé.

La gestion de la complexité, la compréhension globale des choses, l'expression condensée, sont donc l'affaire de l'hémisphère droit et c'est cette capacité à gérer la complexité qui lui permet de percevoir la réalité dans son ensemble, de façon directe, sans interprétation. Mais pour que cette perception parvienne à la conscience, il faut toutefois qu'elle soit traduite dans le langage que comprend l'hémisphère gauche. Ce dernier, qui ne peut s'empêcher d'interpréter, trie l'information acheminée ; il traduit les éléments qui sont acceptables pour le « moi », c'est-à-dire ceux qui ne remettent pas en cause l'image que l'individu se fait du monde. L'hémisphère gauche crée donc en permanence un discours cohérent pour justifier le comportement de l'individu, le rassurer dans son identité, et lui donner le sentiment que son existence s'inscrit dans la continuité. La conscience n'a donc pas accès aux données brutes que l'hémisphère droit perçoit de l'extérieur, elle n'en a qu'une interprétation – ces données ne disparaissent pas pour autant, elles sont simplement emmagasinées « ailleurs » dans le cerveau, dans l'inconscient.

Dernier élément que nous mettrons en relief : la participation de l'hémisphère droit du cerveau à l'expression et à la communication. Elle est essentielle, car c'est cet hémisphère qui enrichit les relations interpersonnelles par une compréhension approfondie du non-dit, du langage corporel et émotionnel. En ce sens, les émotions qui transitent par l'hémisphère droit peuvent provoquer des réponses avant même d'avoir été verbalisées. C'est ainsi que, dans les relations interpersonnelles, tandis que l'on écoute ou que l'on parle, le corps adopte des attitudes, des réponses directes et interactives en lien avec l'attitude de l'autre, sans que cela transite par le conscient.

En répondant aux cinq questions du test qui suit, vous découvrirez lequel des deux hémisphères de votre cerveau est dominant chez vous.

Test

Êtes-vous de «gauche» ou de «droite»?

1. Vos loisirs peuvent être décrits comme:

    a) Faisant appel à votre imaginaire et à votre créativité.

    b) Faisant appel à votre esprit d'analyse et de concentration.

2. Si vous planifiez une sortie avec vos amis:

    a) Vous préférez choisir de nouveaux endroits.

    b) Vous préférez choisir des endroits que vous fréquentez habituellement.

3. Quand vous vous habillez le matin:

    a) Vous choisissez des vêtements qui correspondent à votre état d'esprit.

    b) Vous enfilez des vêtements propres que vous aviez déjà choisis la veille.

4. Au travail, votre bureau est:

    a) Couvert de papiers et de dossiers afin de les avoir à votre disposition en tout temps.

    b) Propre, tout étant disposé en ordre dans vos classeurs.

5. Avant l'arrivée de la fin de semaine:

    a) Vous préférez n'avoir rien planifié.

    b) Vous préférez avoir des activités prévues d'avance.

Votre profil

Si vous avez obtenu davantage de «a», l'hémisphère droit de votre cerveau est dominant. Vous avez tendance à résoudre les problèmes en utilisant votre créativité; vous avez habituellement plusieurs solutions.

Si vous avez obtenu davantage de b, l'hémisphère gauche de votre cerveau est dominant. Vous vous appuyez sur des faits lorsque vous prenez une décision.

Si vous avez obtenu des résultats plutôt équivalents, c'est que vous utilisez vos deux hémisphères de manière équilibrée.

Chapitre 3

Mieux se connaître grâce au profil VAK

Maintenant que nous avons fait un survol rapide de l'intelligence et de ses multiples formes, prenons le temps de mieux nous connaître par rapport à nos perceptions et nos modes d'apprentissage. Ainsi, dans les pages qui suivent, nous vous invitons à vous examiner pour mieux vous identifier.

Des recherches menées dans différents milieux ont permis de démontrer que le mode de perception n'est pas le même pour chacun de nous. Il y aurait plutôt trois profils dominants : les individus privilégiant les perceptions visuelles (V), les individus privilégiant les perceptions auditives (A), et les individus privilégiant les perceptions kinesthésiques (K), qui sont acquises par les sensations internes, ainsi que les perceptions tactiles, gustatives et olfactives.

Parmi ces trois profils – visuel, auditif et kinesthésique –, nous en avons tous un qui est dominant et qui tient un rôle prépondérant en ce qui a trait à nos comportements lors de nos apprentissages en milieu scolaire ou professionnel. C'est aussi ce qui fait, en partie, que nous sommes différents et possédons des attitudes distinctes et que nous avons des comportements qui nous sont propres sur le plan de la communication interpersonnelle. Ce sont aussi ces dispositions qui nous font percevoir les messages qui nous sont adressés ; les résultats de ces perceptions sont ensuite organisés par le cerveau sous forme d'images, de sons ou de sensations qui, par la suite, deviennent l'expérience de l'individu – notre vécu personnel.

Les créateurs de la programmation neurolinguistique ont nommé cet ensemble de représentations personnelles, la « carte du monde ». Il s'agit en fait de styles dominants, car la carte du monde d'une personne visuelle, par exemple, ne sera pas exclusivement constituée d'images ; on y retrouvera aussi des sons et des sensations, mais en quantité et en importance moins significatives. Le profil visuel implique donc simplement que les images seront prédominantes dans la carte du monde, car ce monde sera principalement perçu par les yeux. Cela nous amène à un autre constat. Puisque nous évoluons dans la vie avec des dispositions qui nous sont propres, et spécifiques, force nous est fait de constater que nous ne sommes pas en contact direct avec la réalité, mais plutôt en contact indirect, puisque nous devons passer par ces « intermédiaires » que nous avons décrits. Par la suite, notre cerveau trie et organise ces perceptions, en les traduisant en mots, en images ou en sensations, que nous interprétons alors en fonction du contexte et de notre expérience passée. Bref, nous organisons notre perception, nous la choisissons et l'interprétons. En vérité, comme il y a plusieurs filtres, parfois même des parasites, entre la réalité et l'interprétation que nous en faisons, cela rend nos perceptions peu objectives. Nous pouvons donc dire que notre réalité est plutôt de nature subjective.

Les théoriciens de la PNL (programmation neurolinguistique) nous expliquent toutefois que la carte du monde n'est pas LE monde en soi, comme une carte géographique n'est pas le territoire proprement dit mais une représentation du territoire, à l'instar des mots qui, sur le menu d'un café, représentent les cafés qui y sont offerts et non pas le café que l'on va y consommer. Par conséquent, la carte du territoire est différente du territoire intérieur réel de chacun, lequel est unique car chaque individu perçoit et organise son territoire selon ses propres expériences.

Les cinq organes des sens sont situés à la surface du corps et sont liés au système nerveux central par les nerfs et la moelle épinière. Ils sont en quelque sorte les portes d'entrée des influences extérieures vers le cerveau. Ce que nous percevons par nos sens, aussi appelés « capteurs », constitue donc notre point de contact avec le monde, contact que nous gérons en décidant consciemment d'y avoir accès en contrôlant ce que font nos capteurs. Mais l'inconscient intervient aussi, et celui-ci, qui détient une quantité d'informations étonnantes du fait qu'il n'est pas géré par le conscient, agit de façon indépendante. À notre insu, il saisit et emmagasine des informations de toute provenance auxquelles nous nous référons néanmoins, inconsciemment, cela va de soi, quand nous en avons besoin – ce qui pourrait d'ailleurs donner une piste d'explication pour l'intuition, qui, finalement, ne serait que de la « vieille » information qui sommeillait en nous.

Prenons un exemple tout à fait anodin. Imaginons que vous avez oublié une information quelconque. Vous interrogez votre conscient afin de la faire resurgir, mais en vain, vous n'y arrivez pas. Pourtant, quelques instants plus tard, soudainement, l'information que vous cherchiez semble fuser de nulle part. Comment cela s'est-il produit ? Simplement, comme nous l'expliquions au paragraphe précédent, votre inconscient possédait l'information à laquelle votre conscience n'avait pas accès un peu plus tôt.

Au début de ce chapitre, peut-être avez-vous aussitôt identifié le profil qui était dominant chez vous, mais peut-être pas non plus, car, comme on l'a vu, de nombreux filtres interviennent et viennent parfois compliquer les choses. Pourtant, il est intéressant, pour ne pas dire essentiel, de connaître son profil, car cela nous permet par la suite de mieux comprendre nos actions, et même de nous ajuster dans certaines circonstances.

Voici donc un premier test, tout simple, qui vous permettra néanmoins de découvrir votre profil VAK. Choisissez, parmi les sept groupes d'affirmations, celles qui correspondent le mieux à ce que vous êtes.

Test

Quel est votre profil VAK ?

1. a) Vous êtes irrité par les cris ou les bruits stridents.

   b) Vous êtes plutôt le genre d'individu qui est solide pendant des épreuves.

   c) Il vous faut un plan lorsque l'on vous donne des indications.

2. a) Vous pouvez suivre le rythme d'une musique en frappant des mains.

   b) Vous aimez vivre intensément.

   c) Vous aimez visiter les musées.

3. a) Lorsque vous devez rencontrer quelqu'un, vous imaginez auparavant ce que vous lui direz.

   b) Vous aimez garder contact avec vos connaissances.

   c) Vous arrivez à vous concentrer sur un travail malgré le bruit ambiant.

4. a) Vous dialoguez intérieurement avec vous-même.

   b) Vous sentez bien ce qu'il faut faire pour résister à la pression.

   c) Dans la publicité, ce sont les images qui vous frappent plus que les musiques ou les mots.

5. a) Vous pouvez laisser parler votre interlocuteur sans l'interrompre.

   b) Vous préférez que l'on vous tienne des propos concrets.

c) Vous avez une bonne mémoire des lieux et des physionomies.

6. a) Vous posez fréquemment des questions pour mieux comprendre.

b) Vous vous enflammez facilement.

c) Vous considérez que le moindre détail a son importance.

7. a) Vous savez repérer une fausse note dans un air de musique.

b) Vous appréciez les bonnes relations et la chaleur humaine.

c) Vous êtes attentif à l'expression du visage de vos interlocuteurs.

Votre profil

Si vous avez obtenu plus de «a», votre sens dominant est auditif;

Si vous avez obtenu plus de «b», votre sens dominant est kinesthésique;

Si vous avez obtenu plus de «c», votre sens dominant est visuel.

Chapitre 4

Intelligence : les huit formes de Gardner

Depuis quelques années, on se concentre sur d'autres aspects que l'intelligence telle qu'elle était définie traditionnellement. Parmi les différentes théories qui ont émergé, c'est sans doute le concept d'intelligence multiple de Gardner qui semble le plus faire consensus. Ce concept rejette la croyance traditionnelle selon laquelle les humains ne peuvent avoir « qu'une seule vision ou représentation du monde ». Gardner pense au contraire qu'il faut envisager un point de vue pluraliste pour évaluer le degré de l'activité mentale, c'est-à-dire une gamme de façons de penser ou de mettre en marche son intelligence. Dans cette optique, Gardner a, en quelque sorte, défini sept formes d'intelligence : linguistique, logico-mathématique, visuo-spatiale, intrapersonnelle, interpersonnelle, kinesthésique, musicale. En 1995, il ajouta une huitième forme : l'intelligence écologique.

Intelligence linguistique

Quoi: C'est la sensibilité aux sons, à la signification et aux fonctions des mots et du langage.

Caractéristiques: Aime parler, écrire, expliquer (très convaincant); apprend à travers les mots; bonne mémoire; sens de la syntaxe, sensible au sens des mots et à leur rythmique; vocabulaire riche; sens de l'humour.

Qui: Avocat, comédien, écrivain, humoriste, interprète.

Logico-mathématique

Quoi: Sensibilité aux modèles logiques ou numériques et aptitude à les différencier; aptitude à soutenir de longs raisonnements.

Caractéristiques: Recherche un modèle lors de la résolution de problèmes; crée des standards; pensée déductive et inductive; facilité avec l'abstrait, les symboles et les signes mathématiques; distingue les relations et les connexions; raisonnement scientifique; réalise des calculs complexes; reconnaît les problèmes impliquant la logique. Tout doit s'expliquer par la logique.

Qui: Actuaire, comptable, économiste, informaticien, ingénieur, scientifique.

Visuelle-spatiale

Quoi: Aptitude à percevoir correctement le monde visuo-spatial et à y apporter des transformations.

Caractéristiques: Visuel pur; se situe dans l'espace; apprend à l'aide d'images; crée des images mentales; recherche l'équilibre, l'harmonie; perception des relations entre les objets; perception des objets et de l'espace selon différentes positions; perception par le biais des formes, des couleurs, des textures. Imagination fertile, perçoit des sensations en l'absence d'objets.

Qui: Architecte, artiste, cartographe, graphiste, pilote, urbaniste.

Intrapersonnelle

Quoi: Aptitude à accéder à ses propres sentiments et à reconnaître ses émotions; connaissance de ses propres forces et faiblesses.

Caractéristiques: Capacité de se comprendre, de se former une représentation de soi fidèle et de l'utiliser efficacement dans la vie; réfléchit et prend conscience de ses processus de pensée, de ses émotions; aime le travail individuel, portant sur ou à partir de soi, mais a besoin d'être mis en confiance. Concentration, autodiscipline; autocritique; pensée et raisonnement articulés. Forme d'intelligence tournée vers soi. Différents états de conscience (intérieur, intuitif, spirituel). Aime apprendre.

Qui: Entrepreneur, planificateur, psychologue, théologien.

Interpersonnelle

Quoi: Aptitude à discerner l'humeur, le tempérament, la motivation et le désir des autres individus et à y répondre correctement.

Caractéristiques: travaille en coopération; aime la vie de groupe, sociable; besoin des autres pour apprendre; imagine les choses d'un autre point de vue que le sien ; distingue les éléments ; communication verbale et non verbale ; crée et maintient la synergie ; sensible aux humeurs, états et motivations des autres. Forme d'intelligence tournée vers les autres. Aptitudes à comprendre les autres et à interagir avec eux.

Qui : Gestionnaire, infirmier, médiateur, sociologue.

Kinesthésique

Quoi : Aptitude à maîtriser les mouvements de son corps et à manipuler des objets avec soin.

Caractéristiques : Sens de la coordination ; aime le pratique et le concret ; utilise l'expression corporelle ; engagement physique dans la résolution d'un problème ; corps et esprit très liés ; apprend par le biais des sensations corporelles ; communique par et avec les gestes ; exploration corporelle ; contrôle des mouvements volontaires ; automatisation de certains mouvements.

Qui : Bijoutier, chirurgien, chorégraphe, entraîneur, massothérapeute, mécanicien.

Musicale

Quoi : Aptitude à produire et à apprécier un rythme, une tonalité, un timbre ; appréciation des formes d'expression musicale.

Caractéristiques : Auditif pur. Intuition basée sur le son, perception naturelle ; apprend plus facilement lorsque le contenu est musical ou rythmé ; sensible aux sons, aux tonalités et à leurs caractéristiques. Comprend la structure musicale ; recherche les schémas musicaux ; reproduit, reconnaît ou crée des mélodies ou des rythmes.

Qui: Chef d'orchestre, critique musical, disque-jockey, ingénieur de son, musicien.

Écologique-naturaliste

Quoi: Aptitude à discerner l'organisation du vivant.

Caractéristiques: Met les choses en lien avec l'environnement; sensibilité aux modifications de l'environnement; en lien étroit avec la nature, les animaux, les phénomènes naturels. Sens de l'organisation et discernement du vivant et de la nature en général; classification par extension, s'applique à la culture et à différents secteurs. Intelligence qui permet la survie de l'homme.

Qui: Biologiste, explorateur, météorologue, minéralogiste, vétérinaire.

Chapitre 5

Comment
apprenez-vous?

vant de nous lancer dans les différents tests pour mesurer vos intelligences et vous suggérer, du même
coup, certains exercices et quelques trucs pour les
aiguiser, sinon les accroître, voici un dernier test qui concerne
les modes d'apprentissage. Ces derniers représentent différentes façons de « retenir » l'information. Ce test, basé sur les
intelligences de Gardner, vous révélera votre ou vos modes
d'apprentissage. Il est possible que vous n'en ayez pas un d'ex-
clusif, il est possible que vous en ayez plusieurs qui soient complémentaires, par exemple : linguistique et naturaliste – retenez
néanmoins que, d'après des études exhaustives, 50 % de la
population aurait un mode d'apprentissage linguistique.

Pourquoi ce test ? Parce qu'il est essentiel que vous connais-
siez le mode d'apprentissage qui vous correspond, de façon à
pouvoir utiliser au mieux vos forces et vos capacités cognitives.
En connaissant votre style d'apprentissage dominant, vous

pourrez ainsi comprendre et assimiler les informations grâce au mode par lequel votre cerveau est le plus réceptif.

Le test est simple. Choisissez, parmi les affirmations qui vous sont proposées, même si elles peuvent sembler disparates et sans relation, celle qui vous correspond le mieux.

Test

Quel est votre mode d'apprentissage?

1. a) J'apprends beaucoup en essayant, en expérimentant des choses.

   b) J'ai souvent une mélodie en tête.

   c) Il m'arrive fréquemment de dessiner des schémas ou des tableaux à titre d'explication.

   d) Je préfère les faits.

   e) J'apprends beaucoup en discutant ou en lisant.

   f) J'aime les sports et les activités de groupe.

   g) Je me connais très bien.

2. a) J'ai toujours besoin de bouger.

   b) J'utilise la musique pour exprimer mes sentiments.

   c) J'aime faire les choses en suivant un plan.

   d) Calculer mentalement est une chose facile pour moi.

   e) J'aime faire des mots croisés.

   f) Je tiens fréquemment le rôle du conciliateur lorsqu'il y a un conflit.

   g) Je suis capable de contrôler mes états d'âme.

3. a) Je distingue les gens qui chantent hors ton.

   b) J'ai tendance à toucher les gens lorsque je leur parle.

   c) J'ai un bon sens de l'orientation.

   d) Je suis au courant des fluctuations du marché.

e) J'aime les discussions et les débats.

f) Les gens se tournent vers moi pour me demander des conseils.

g) J'aime travailler seul; avoir le temps de réfléchir.

Votre mode d'apprentissage

Si vous avez obtenu trois choix sous la même lettre, il ne fait aucun doute qu'il s'agit là de votre mode d'apprentissage privilégié; si vous en avez obtenu deux, il s'agit aussi de votre mode dominant, mais vous en avez un autre qui est complémentaire. Si vos trois choix correspondent à trois lettres différentes, revoyez ces trois réponses et classez-les par ordre d'importance; il est probable que votre premier choix représentera votre mode dominant, et les deux autres des modes complémentaires.

Si vous avez coché plus fréquemment la lettre « a », votre méthode d'apprentissage préférée est kinesthésique, ce qui signifie que vous apprenez plus facilement par le toucher et le mouvement, et en expérimentant les choses. Il est préférable pour vous d'apprendre dans le silence.

Si vous avez coché plus fréquemment la lettre « b », votre mode d'apprentissage dominant est musical. Vous apprenez plus facilement par la musique, le rythme, la mélodie et le chant. Lorsque vous étudiez, mettez de la musique ou apprenez en composant une « chanson ».

Si vous avez coché plus fréquemment la lettre « c », votre mode d'apprentissage dominant est concep-

tuel, c'est-à-dire que vous apprenez mieux en iden-
tifiant des modèles et des relations, en classifiant et
en triant les éléments et en travaillant avec des
images et des tableaux. Apprenez donc à l'aide de
schémas, de graphiques ou de plans.

Si vous avez coché plus fréquemment la lettre « d »,
votre mode d'apprentissage dominant est logique/
mathématique. Pour vous, il est plus facile d'apprendre en comptant et en comparant des résultats. Tentez donc de convertir en chiffres ce que vous
avez à apprendre.

Si vous avez coché plus fréquemment la lettre « e »,
votre mode d'apprentissage dominant est linguistique, c'est-à-dire que vous apprenez mieux en lisant,
en discutant, en voyant et en regardant. Enregistrez ce que vous avez à apprendre sur un dicta-
phone et écoutez.

Si vous avez coché plus fréquemment la lettre « f »,
votre mode d'apprentissage dominant est émotionnel, ce qui, dans les faits, se traduit par le fait que
vous apprenez plus facilement en groupe, en par-
tageant, à l'aide d'entrevue ou en discutant. Joignez
peut-être un groupe d'étude ou un groupe qui partage la même passion que vous.

Si vous avez coché plus fréquemment la lettre « g »,
votre mode d'apprentissage dominant est personnel. Vous apprenez mieux seul, dans une pièce qui est
la vôtre, en réfléchissant ou en vous autoanalysant.

Développez votre intelligence

Chacun de nous est intelligent d'une façon ou d'une autre, même si le patrimoine génétique joue un rôle important dans l'intellect et l'environnement – sur lequel nous pouvons influer. Sachant cela, nous reconnaîtrons qu'il nous est possible de développer notre potentiel intellectuel pour nous aider à favoriser la bonne utilisation de nos forces dans notre vie quotidienne. Parmi les facteurs environnementaux qui sont source d'évolution et de développement, soulignons:

• La stimulation résultant d'une époque et d'une culture donnée;

• La stimulation provenant de notre milieu de vie;

• La stimulation associée à la volonté familiale;

• La stimulation par le biais de l'accès à des ressources physiques ou humaines (accès aux livres ou à des adultes influents, par exemple).

Plusieurs facteurs peuvent influer sur le développement de notre cerveau, qui, selon Gardner, comme nous l'avons vu dans un chapitre précédent, comporterait huit types d'intelligence se développant individuellement, mais parallèlement.

Comme il s'agit, à notre avis, de la meilleure grille de mesure de l'intelligence, c'est celle que nous vous proposerons dans les prochains chapitres afin que vous sachiez exactement où vous vous situez. D'ailleurs, sauf dans les tests généraux, c'est vous qui jugerez par vous-même vos résultats selon le nombre de réponses que vous obtiendrez et la pertinence des exercices qui vous sont ensuite suggérés. L'objectif, ici, n'est donc pas de déterminer avec une exactitude scientifique votre quotient intellectuel, mais bien de vous préparer à d'éventuels tests. C'est d'ailleurs pourquoi nous les avons construits selon les standards des tests classiques de QI. Ces derniers, ainsi que les exercices que nous vous proposerons, pourront vous aider à exploiter vos capacités mentales au maximum de leur potentiel.

Chapitre 6

Mesurez votre intelligence linguistique

N ous sommes essentiellement des êtres « sociaux » qui avons développé des formes de communication uniques à notre espèce, mais qui peuvent être appliquées à toutes les cultures. Notre approche peut être formelle, comme lorsque nous évoluons dans un cadre professionnel, ou informelle, comme lorsque nous discutons avec des amis. Quel que soit le milieu, quels que soient les gens, nous sommes constamment en train de choisir la meilleure façon de communiquer avec les autres – en ce sens, notre jugement a un impact sur l'issue de nos relations.

Évidemment, nous communiquons pour nous faire comprendre. Nous avons tous besoin d'exprimer nos sentiments, nos idées et de persuader les autres. Et il n'y a pas que le langage verbal qui intervient dans nos échanges, il y a aussi le langage corporel : les mots ont un pouvoir qu'on ne doit pas sous-estimer.

L'intelligence linguistique, que nous mesurerons ici, implique la compréhension, mais aussi la fonction, l'ordre et la signification des mots dans la parole et dans l'écriture. Elle correspond également à la compréhension des nuances socioculturelles d'une langue, comme ses idiomes et ses subtilités.

Plus cette forme d'intelligence est présente chez vous, plus vous possédez des atouts qui vous permettent de bien vous exprimer – communiquer, échanger ou discuter –, mais aussi de bien lire et de bien écrire. Vous pensez en termes de mots et vous appréciez probablement plusieurs styles littéraires. Apprendre de nouveaux mots, jouer avec ces derniers, participer à des discussions, mais aussi écrire, sont sans doute au nombre de vos activités préférées. Vous êtes très certainement précis lorsque vous vous exprimez, et peut-être êtes-vous même agacé lorsque les autres ne le sont pas. Vous comprenez bien ce que vous lisez, et cela vous permet de bien performer lors de tâches écrites.

Test

Intelligence linguistique : où vous situez-vous ?
Évaluez chacune des affirmations suivantes :

1. J'aime lire.

   Totalement ○   Partiellement ○   Pas du tout ○

2. J'aime tenir un journal ou écrire des histoires.

   Totalement ○   Partiellement ○   Pas du tout ○

3. Je préfère les questions « à développement » plutôt que les questions à choix multiples.

   Totalement ○   Partiellement ○   Pas du tout ○

4. J'aime participer à des débats ou à des discussions.

   Totalement ○   Partiellement ○   Pas du tout ○

5. Je me rappelle mot pour mot ce que les gens me disent.

   Totalement ○   Partiellement ○   Pas du tout ○

6. J'aime faire des mots croisés.

   Totalement ○   Partiellement ○   Pas du tout ○

7. Je me sens à l'aise avec la langue et les mots ; j'en tire un renforcement positif.

   Totalement ○   Partiellement ○   Pas du tout ○

8. J'aime les jeux de mots, les charades, etc.

   Totalement ○   Partiellement ○   Pas du tout ○

Résultat et analyse

Chaque fois que vous avez répondu « totalement », accordez-vous 2 points ; chaque fois que vous avez répondu « partiellement », accordez-vous 1 point. Lorsque vous avez répondu « pas du tout », ne vous attribuez aucun point. Calculez ensuite votre résultat.

Si vous avez obtenu moins de 5 points, vous avez une intelligence linguistique inférieure à la moyenne.

Si vous avez obtenu entre 6 et 10 points, vous avez une intelligence linguistique comparable à la moyenne.

Si vous avez obtenu 11 points et plus, vous avez une intelligence linguistique supérieure à la moyenne.

Test I

Testez votre intelligence linguistique

1. Trouvez le synonyme de débonnaire :
   Exubérant – Fataliste – Gentil – Facile

2. Quel mot se rapproche le plus du mot oblique :
   Dessin – Pointillé – Durable – Penché

3. Quels mots peut-on former à partir de cette suite de syllabes en désordre ?
   TRACLAMTEURPE

4. Quel est l'antonyme du mot rassembler :
   Disperser – douter – renoncer – opposer

5. Trouvez le mot qui possède les deux sens suivants :
   Suggérer – Respirer

6. Trouvez l'intrus :
   Cheminer – Déambuler – Arpenter – Se promener – Se balader

7. Parmi ces cinq mots, deux ont un sens proche, lesquels ?
   Spastique – curieux – nostalgique – fielleux – venimeux

8. Quelle ligne est différente des quatre autres ?
   Montrer – Élévation
   Marcher – Frivole
   Échoppe – Répétition
   Museler – Inspiratrice
   Blesser – Céréales

9. Un des trois mots ne s'intègre pas aux trois autres. Lequel?

   Drame – Poème – Chanson – Musique

10. Un mot est mal orthographié. Lequel?

    Accélération – Allonger – Finallement – Décélération

11. Quel mot peut-on former avec ces lettres?

    ULREGALI

12. Trouvez la syllabe commune manquante aux mots suivants:

    Rama..
    Rata..
    Rallon..

13. Quel mot peut venir se placer après chacun de ceux-ci pour former de nouveaux mots ou expressions?

    Prendre – faire – mauvaise – quelque

14. Envoyé / Reçu et Lancé /?

    Frappé – Jeté – Attrapé – Balle

15. Chaque ligne cache le nom d'un poisson dont l'ordre des lettres a été modifié de la même manière. Une ligne fait exception. Laquelle?

    E M R O U
    E R Q U I N
    R T U I T E
    O M U C H E
    A C R P E

16. Lequel de ces mots aux lettres déplacées n'est pas un fromage?

    a) Uelb b) mmeebtcra c) rreeyug d) eiemrta e) made

Test 2

Testez votre intelligence linguistique

1. Trouvez le synonyme de célérité :
   Stupidité – Rapidité – Séduisant – Étoile

2. Quel mot se rapproche le plus du mot respectable :
   Heureux – Estimable – Honnête – Minutieux

3. Quels mots (deux) peut-on former à partir de cette suite de syllabes en désordre ?
   ABEPOSTOBARLAT

4. Quel est l'antonyme du mot abstrait ?
   Psychologique – Pratique – Physique – Taciturne

5. Quel mot possède les deux sens suivants :
   Monnaie – Honnête

6. Trouver l'intrus :
   Brouillé – Poché – Lourd – Dur – Battu

7. Parmi ces cinq mots, deux ont un sens proche, lesquels ?
   Méritoire – Illustre – Arrogant – Célèbre – Animé

8. Un des mots ne s'intègre pas aux trois autres. Lequel ?
   Cosmos – Étoiles – Ciel – Univers

9. Un mot est mal orthographié. Lequel ?
   Appellation – Aveu – Splendide – Chimèrre

10. Quel mot se cache derrière ces lettres?

TURECAF

11. Trouvez la syllabe commune manquante aux mots suivants:

..tient

..rent

..roi

..on

12. Placez, dans la parenthèse, un mot de quatre lettres de manière à terminer le mot de gauche et à commencer le mot de droite:

REN (****) UNE

13. Quel mot peut venir se placer avant chacun de ceux-ci pour former de nouveaux mots ou expressions?

Âge – morceau – relief – bleu

14. Pansement / Coupure et Ficelle?

Abcès – Paquet – Docteur – Emballer

15. Quelle ligne cache le nom d'une capitale européenne, dont l'ordre des lettres a été changé?

A T D E R R

S O I B L N E N

N O R U F E C L

T I B L A M E

N N O M I A E

16. Parmi ces mots brouillés, lequel n'est pas un membre de la famille?

a) rmee b) antet c) ruseo d) nseoiuc e) meia

Réponses du test I

1. Gentil

2. Penché

3. Tracteur – Lampe

4. Disperser

5. Inspirer

6. Arpenter

7. Venimeux, fielleux

8. Marcher – Frivole : sur chaque autre ligne le mot de droite est un synonyme du mot constitué des quatre premières lettres du premier mot.

9. Musique

10. Finallement : Finalement

11. Guérilla

12. Ge

13. Part

14. Attrapé

15. OMUCHE – MOUCHE

16. d) Matière

Résultats du test 2

1. Rapidité

2. Estimable

3. Apostolat – Barbe

4. Pratique

5. Franc

6. Lourd

7. Illustre et célèbre

8. Étoiles

9. Chimèrre : chimère

10. Facteur ou Facture

11. Pa

12. FORT

13. Bas

14. Paquet

15. 2e – Lisbonne

16. E) amie

Milton Cameron

Aiguisez
votre intelligence linguistique

Si certaines influences extérieures, nouveauté, stress, émotions, peuvent influencer les résultats d'un test «véritable», il n'en demeure pas moins qu'il est tout à fait possible d'améliorer le fonctionnement et l'efficacité de cette intelligence linguistique avec de l'entraînement et de la confiance. Après tout, le pouvoir des mots est l'aptitude à bien manipuler les lettres et les mots. En développant sa confiance dans l'utilisation des mots, l'intelligence linguistique repose alors sur une assise solide. Mais... comment développer cette intelligence? Il n'existe pas mille façons de le faire: en lisant, en écrivant, en racontant ou en inventant des histoires et, plus généralement, en étant ouvert à la langue et à la culture, celle de notre communauté d'abord, puis celle des autres ensuite.

L'effort consacré à l'amélioration de cette intelligence en vaut d'autant plus la peine que l'intelligence linguistique nous aide à nous comprendre entre nous; grâce à elle, nos échanges sont basés sur des informations structurées – les autres peuvent identifier la compréhension que nous avons des choses ou le sens que notre pensée leur attribue.

Stratégies d'apprentissage

- Général
  - Avant d'assister à un cours, un examen ou une réunion, parcourez le matériel écrit dont vous disposez;
  - Prenez des notes;
  - Échangez verbalement avec les autres;
  - Notez par écrit les étapes de vos projets;
  - Transposez ce que vous avez appris dans des mots croisés ou des jeux de mots pour favoriser la mémorisation de l'information.

- Lisez beaucoup.

  En utilisant de bonnes stratégies, vous pouvez considérablement améliorer vos capacités de lecture et ainsi favoriser le développement de votre intelligence linguistique:
  - Fixez-vous un objectif d'apprentissage;
  - Concentrez-vous; privilégiez un endroit silencieux;
  - Si vous butez sur un mot que vous ne connaissez pas, ne bondissez pas sur le dictionnaire; essayez d'abord d'en déterminer le sens en fonction du contexte;
  - Parcourez le texte pour en avoir un aperçu, puis concentrez-vous ensuite sur les points importants;
  - Soulignez les passages importants;
  - Prenez des notes sous forme de mots ou de diagrammes;
  - Prenez le temps de réviser ce que vous avez lu;
  - Résumez ce que vous avez appris.

- Privilégiez l'écoute.

  Maintenant, voici quelques règles pour améliorer vos capacités d'écoute:

  – Cernez vos champs d'intérêt; précisez les avantages que vous pouvez en tirer;

  – Jugez le contenu et non le contenant; concentrez-vous sur la «matière», délaissez la forme et la présentation;

  – Gardez votre calme; assurez-vous de bien comprendre ce qui est dit avant de décider des mesures à prendre;

  – Soyez toujours à l'affût de l'idée maîtresse; cherchez le fil conducteur;

  – Faites preuve de souplesse; utilisez différents systèmes de notation pour découvrir celui qui convient le mieux au type d'orateur. Écoutez attentivement;

  – Cernez vos champs d'intérêt et demandez-vous quel avantage vous pouvez en tirer;

  – Jugez le contenu et non le contenant, concentrez-vous exclusivement sur le premier;

  – Soyez patient; assurez-vous de tout bien comprendre avant de passer à l'action;

  – Restez concentré; ne vous laissez pas distraire par des futilités;

  – Gardez l'esprit ouvert; ne balayez pas d'un revers de la main les idées qui ne vous plaisent pas ou qui vous semblent farfelues;

  – Stimulez votre intelligence en vous intéressant à des choses que vous ne connaissez pas;

  – Tirez profit du fait que la pensée est plus rapide que la parole; anticipez ce qui sera dit, résumez ce qui l'a été, puis profitez du temps ainsi gagné.

Chapitre 7

Mesurez votre intelligence logique/mathématique

L'intelligence logique/mathémathique est la capacité de traiter mentalement des problèmes et des équations logiques, du genre que l'on trouve souvent dans des tests à choix multiples. Elle correspond également à une sensibilité aux modèles logiques ou numériques et à l'aptitude à soutenir de longs raisonnements.

Cette intelligence emploie les nombres, les mathématiques et la logique pour trouver et comprendre les divers modèles qui se produisent dans nos vies; cela commence naturellement par les modèles concrets et pratiques, que l'on rencontre dans la «vraie vie», mais devient de plus en plus abstrait alors que nous essayons de comprendre les liens qui existent entre eux. Les individus qui ont des capacités logiques/mathématiques poussées peuvent traiter des questions logiques à une vitesse aussi étonnante qu'exceptionnelle.

Avant l'apparition de la théorie de l'intelligence multiple, cette intelligence était considérée comme étant l'intelligence archétypale – la culture occidentale l'ayant placée à un niveau très élevé. Bien que la théorie de l'intelligence multiple reconnaisse que l'intelligence logique/mathématique constitue en effet une part importante de l'intellect, elle n'est toutefois pas la seule part qui demande à être explorée, cultivée et développée.

Test

**Intelligence logique/mathémathique :
où vous situez-vous ?**

Évaluez chacune des affirmations suivantes :

1. Mes estimations sont souvent bonnes.

    Totalement ○   Partiellement ○   Pas du tout ○

2. Je saisis rapidement les relations de cause à effet.

    Totalement ○   Partiellement ○   Pas du tout ○

3. Je travaille mieux si j'utilise un agenda ou un calendrier des activités.

    Totalement ○   Partiellement ○   Pas du tout ○

4. J'aime savoir le pourquoi des choses et chercher des éclaircissements aux questions qui m'intéressent.

    Totalement ○   Partiellement ○   Pas du tout ○

5. J'aime les jeux de réflexion et les jeux qui font appel à la pensée logique.

    Totalement ○   Partiellement ○   Pas du tout ○

6. Je dresse, au quotidien, une liste des choses à faire.

    Totalement ○   Partiellement ○   Pas du tout ○

7. J'aime les mathématiques et les sciences.

    Totalement ○   Partiellement ○   Pas du tout ○

8. Je travaille mieux dans un milieu organisé.

    Totalement ○   Partiellement ○   Pas du tout ○

Résultat et analyse

Chaque fois que vous avez répondu «totalement», accordez-vous 2 points; chaque fois que vous avez répondu «partiellement», accordez-vous 1 point. Lorsque vous avez répondu «pas du tout», ne vous attribuez aucun point. Calculez ensuite votre résultat.

Si vous avez obtenu moins de 5 points, vous avez une intelligence logique/mathématique inférieure à la moyenne.

Si vous avez obtenu entre 6 et 10 points, vous avez une intelligence logique/mathématique comparable à la moyenne.

Si vous avez obtenu 11 points et plus, vous avez une intelligence logique/mathématique supérieure à la moyenne.

Test

Testez votre intelligence logique/mathémathique

1. Quel chiffre doit apparaître à la fin de cette série : 0, 3, 3, 6, 9 ?

2. EQT est à DPS, ce que GRT est à... quel groupe de lettres ?

3. Quel chiffre devrait apparaître à côté du « Q » : B2, G7, J10, Q ?

4. Quel chiffre complète cette séquence : 1, 5, 5, 9, 13, 26, 30 ?

5. Quel chiffre complète cette séquence : 13, 14, 12, 15, 10, 18, 5 ?

6. Jean et Sylvie disputent leur 48e partie de tennis sur table. Ils ont fait 24 matchs nuls et Jean a gagné le tiers des autres parties. Combien de parties Sylvie a-t-elle gagnées ?

   a) 6   b) 8   c) 10   d) 12   e) 16

7. Un homme aurait besoin de 21 heures pour peinturer une cuisine. Le travail étant pressant, les propriétaires décident d'engager un autre peintre. Combien d'heures faudra-t-il à ces deux peintres pour effectuer le travail en sachant que le second peintre aurait besoin de 23 heures 1/3.

   a) 9   b) 12   c) 15   d) 18   e) 21

8. Quel est le nombre qui manque au carré du bas ?

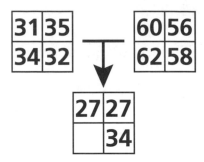

9. Quel chiffre complète cette séquence ?

Million 7, Mille deux 9, Cent cinq 8, Soixante-treize ?

10. Quel est le nombre manquant ?

7, 35, 5
12, 12, 1
4, ?, 6

Réponses du test

1. 15 : chaque chiffre est égal à la somme des deux qui le précèdent.

2. FQS : DPS sont les lettres qui précèdent EQT dans l'alphabet et GRT sont les lettres suivant FQS.

3. 17. Chaque lettre est suivie de son rang dans l'alphabet.

4. 34 : +4, x1, +4, +4, x 2 etc.

5. 26 : +1, -2, +3, -5, +8, -13, +21

6. e) 16

7. 21

8. 25 : le carré de droite a pivoté d'un quart de tour et celui de gauche d'un demi-tour pour se superposer et se soustraire.

9. 14 : le nombre de lettres.

10. 24 : la colonne de gauche est multipliée par celle de droite.

Développez votre intelligence logique/mathémathique

Dans l'apprentissage, l'intelligence logique/mathémathique se développe en planifiant son travail, en suivant des grilles de vérification, en analysant son travail en fonction des critères d'évaluation, en utilisant un ordinateur, par exemple, pour concrétiser les processus de pensée, en organisant ses informations ou en emmagasinant des connaissances.

Si vous êtes un individu qui possède une intelligence logique/mathématique de haut niveau, vous tendez à penser de façon plus conceptuelle et abstraite, et vous pouvez souvent apercevoir des modèles et des rapports qui échappent aux autres. Vous aimez probablement entreprendre des expériences pour résoudre des puzzles et d'autres problèmes. Vous aimez également analyser les circonstances et le comportement des individus. Vous éprouvez aussi, sans doute, du plaisir à travailler avec des nombres, des formules et des opérations mathématiques – vous appréciez particulièrement le défi que constitue un problème complexe à résoudre. Vous êtes sûrement structuré et organisé, et vous avez probablement toujours un raisonnement ou un argument logique pour justifier ce que vous êtes en train de faire.

Stratégies d'apprentissage

- Prenez des notes sous forme de plan;

- Classez les différents éléments d'information par ordre d'importance;

- Structurez l'information dans différentes catégories pour vous aider à la mémoriser;

- Utilisez votre logique pour pronostiquer les résultats en fonction de votre expérience passée et de vos connaissances;

- Déterminez la marche à suivre pour accomplir une tâche;

- Établissez des tableaux d'objectifs d'apprentissage;

- Utilisez vos compétences en logique/mathématique pour vous aider à étudier ou à travailler.

Chapitre 8

Mesurez votre intelligence visuelle/spatiale

intelligence visuelle/spatiale est la capacité de percevoir et de manœuvrer mentalement une forme ou un objet. «Une image vaut milles mots.» Bien que ce soit un cliché, cette affirmation expose adéquatement cette intelligence. Celle-ci se traduit par la connaissance des formes, des images, des modèles, des conceptions et des textures que nous percevons avec nos yeux, mais elle concerne également les images que nous pouvons créer dans notre esprit.

Si vous êtes doté d'une intelligence visuelle/spatiale de niveau supérieur, vous tendez à penser avec des images; vous apercevez facilement les objets, les formes, les couleurs, les textures et les modèles dans votre environnement. Vous aimez probablement dessiner et peindre, il se peut même que vous conceviez des modèles de toutes sortes. Il est sûrement facile pour vous de terminer des casse-tête difficiles, de lire des cartes et de trouver votre chemin dans de nouveaux endroits. De plus, vous avez probablement des opinions définies au sujet des couleurs qui s'harmonisent bien ensemble, des textures qui sont appropriées et agréables et sur la manière de décorer une pièce. Finalement, vous êtes probablement excellent pour visualiser, imaginer, et pour vous représenter des images mentales.

Test

Intelligence visuelle/spatiale : où vous situez-vous ?

Évaluez chacune des affirmations suivantes :

1. Je me souviens mieux des choses lorsque je les vois.

   Totalement ○   Partiellement ○   Pas du tout ○

2. Je peux prévoir les mouvements et les conséquences dans un plan de jeu (au hockey ou aux échecs, par exemple).

   Totalement ○   Partiellement ○   Pas du tout ○

3. Quand je dors, mes rêves me paraissent très réels.

   Totalement ○   Partiellement ○   Pas du tout ○

4. Dans les films, je m'intéresse particulièrement aux scènes et à l'action.

   Totalement ○   Partiellement ○   Pas du tout ○

5. J'ai un bon sens de l'orientation.

   Totalement ○   Partiellement ○   Pas du tout ○

6. J'ai de la facilité à lire les cartes géographiques.

   Totalement ○   Partiellement ○   Pas du tout ○

7. J'aime faire des mots croisés et trouver la solution de labyrinthes et d'autres casse-tête visuels.

   Totalement ○   Partiellement ○   Pas du tout ○

8. Je comprends les combinaisons de couleurs et vois quelles couleurs s'agencent bien ensemble.

   Totalement ○   Partiellement ○   Pas du tout ○

Résultat et analyse

Chaque fois que vous avez répondu «totalement», accordez-vous 2 points; chaque fois que vous avez répondu «partiellement», accordez-vous 1 point. Lorsque vous avez répondu «pas du tout», ne vous attribuez aucun point. Calculez ensuite votre résultat.

Si vous avez obtenu moins de 5 points, vous avez une intelligence visuelle/spatiale inférieure à la moyenne.

Si vous avez obtenu entre 6 et 10 points, vous avez une intelligence visuelle/spatiale comparable à la moyenne.

Si vous avez obtenu 11 points et plus, vous avez une intelligence visuelle/spatiale supérieure à la moyenne.

Test

Testez votre intelligence visuelle/spatiale

1.  est à ce que est à:

   a)   b)   c)   d)   e)

2. 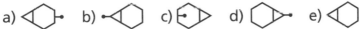 est à ce que est à:

   a)   b)   c)    d)   e)

3. Quelle figure complète la séquence?

4. Quelle figure se distingue des autres?

   a)   b)   c)   d)   e)

5. Quelle figure se distingue des autres?

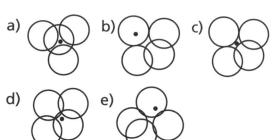

6.

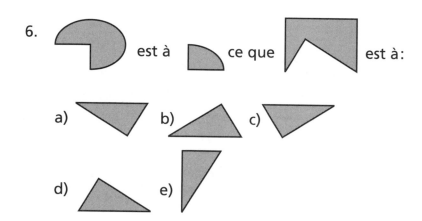

7. Quel est l'intrus?

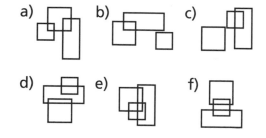

8. Quelle image complète la séquence?

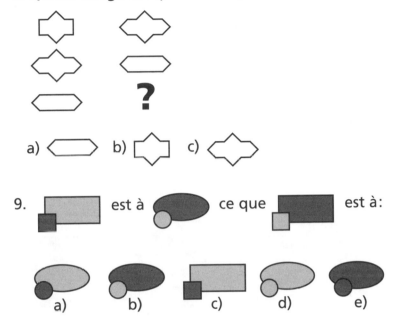

9.

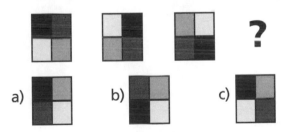

10. Quelle image complète la série suivante?

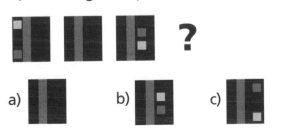

11. Quelle image complète la série suivante?

12. Quelle image complète la série suivante?

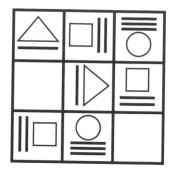

a)   b)

c)   d)

13. Quel rectangle faut-il pour compléter le carré?

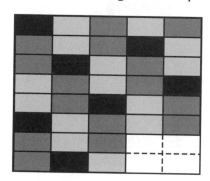

a)  b)

c)  d)

e)  f)

14. Quel est l'intrus?

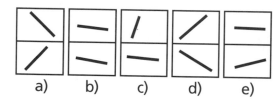

a)   b)   c)   d)   e)

Réponses du test

1. d	6. a	11. a
2. d	7. e	12. a
3. b	8. b	13. a
4. d	9. a	14. b
5. c	10. b	

Augmentez votre intelligence visuelle/spatiale

Ce type d'intelligence permet de représenter les processus de pensée et de faire des liens entre les informations pour qu'elles se transforment en connaissances intégrées à une structure significative. Les individus qui ont une intelligence visuelle/ spatiale très développée apprécient naturellement les arts ; ils sont capables de visualiser et de « manipuler » des objets en trois dimensions avec une aisance déconcertante. Ils saisissent rapidement la relation qu'a un objet avec l'espace. Les arts visuels, la géométrie et la géographie sont des domaines dans lesquels ils sont très à l'aise.

Comment développer ou aiguiser cette intelligence ? En pratiquant les arts appliqués ou visuels, en composant des schémas, en dessinant et en observant. Bref, en développant sa créativité.

Stratégies d'apprentissage

Si l'intelligence visuelle/spatiale est l'une de vos intelligences dominantes, il est plus que probable que vous comptiez surtout sur votre sens de la vue pour assimiler l'information, la comprendre et la mémoriser. Voici quelques stratégies d'apprentissage :

- Prenez des notes de ce que vous entendez et lisez ;

- Tenez un « livre de bord » de ce que vous avez appris ;

- Utilisez des graphiques et des tableaux pour comprendre des concepts ;

- Dessinez des diagrammes, des graphiques et des schémas pour vous aider à comprendre des choses ;

- Faites-vous une image mentale des mots, des idées et des concepts pour améliorer votre mémoire ;

- Demandez à votre enseignant ou à vos confrères de travail d'écrire au tableau, d'utiliser des acétates ou des logiciels de présentation ;

- Utilisez des marqueurs pour faire ressortir les données importantes ;

- D'une façon générale, utilisez des éléments visuels pour vous aider à mémoriser ce que vous apprenez.

Chapitre 9

Mesurez votre intelligence interpersonnelle

L'intelligence interpersonnelle facilite la reconnaissance et la compréhension des sentiments et des motivations des autres, mais, pour ce faire, cette intelligence requiert le développement et l'utilisation d'une gamme de qualifications interpersonnelles afin de communiquer efficacement et d'entretenir de saines relations avec les autres.

Si vous possédez cette intelligence, vous êtes sûrement de ceux qui apprennent beaucoup dans vos relations avec les autres. Vous avez probablement un bon nombre d'amis, vous démontrez beaucoup d'empathie, comprenez et respectez les opinions des autres. Vous êtes sensible aux sentiments et aux idées des gens qui vous entourent. Vous appréciez les activités de groupe et vous faites certainement un bon joueur d'équipe. Vous êtes habile à résoudre des conflits et à trouver des compromis quand les gens sont radicalement opposés.

Test

Intelligence interpersonnelle : où vous situez-vous ?

Évaluez chacune des affirmations suivantes :

1. Je préfère les sports d'équipe aux sports individuels.

   Totalement ○   Partiellement ○   Pas du tout ○

2. Je travaille mieux au sein d'un groupe où je peux discuter avec les autres de diverses questions.

   Totalement ○   Partiellement ○   Pas du tout ○

3. J'aime partager mes idées et mes sentiments avec d'autres.

   Totalement ○   Partiellement ○   Pas du tout ○

4. Je parle généralement de mes problèmes personnels à un ami.

   Totalement ○   Partiellement ○   Pas du tout ○

5. J'aime découvrir les autres cultures.

   Totalement ○   Partiellement ○   Pas du tout ○

6. Je préfère les activités de groupe aux activités solitaires.

   Totalement ○   Partiellement ○   Pas du tout ○

7. La présence des autres me donne de l'énergie.

   Totalement ○   Partiellement ○   Pas du tout ○

8. Je travaille mieux quand j'interagis avec les autres.

   Totalement ○   Partiellement ○   Pas du tout ○

Résultat et analyse

Chaque fois que vous avez répondu «totalement», accordez-vous 2 points; chaque fois que vous avez répondu «partiellement», accordez-vous 1 point. Lorsque vous avez répondu «pas du tout», ne vous attribuez aucun point. Calculez ensuite votre résultat.

Si vous avez obtenu moins de 5 points, vous avez une intelligence interpersonnelle inférieure à la moyenne.

Si vous avez obtenu entre 6 et 10 points, vous avez une intelligence interpersonnelle comparable à la moyenne.

Si vous avez obtenu 11 points et plus, vous avez une intelligence interpersonnelle supérieure à la moyenne.

Stratégies d'apprentissage

Nous avons tous avantage à développer cette intelligence. Le premier pas à faire est certainement d'améliorer son empathie en essayant de comprendre quelles sont les motivations qui se trouvent derrière la volonté des autres. Voici quelques conseils que vous devriez mettre en pratique

- Travaillez en équipe ; élaborez des projets et résolvez les problèmes avec les autres ;

- Tentez de résoudre les conflits auxquels vous faites face ou auxquels vous assistez en utilisant vos compétences de négociateur ;

- Pratiquez l'écoute active ;

- Apprenez en observant les individus en action et en tentant d'éclaircir les dynamiques de groupe ;

- Jouez un personnage : c'est une bonne façon de développer cette intelligence, car elle vous permet de comprendre d'autres perspectives, d'autres motivations ;

- Utilisez votre connaissance des autres pour vous aider à mieux participer lorsque vous êtes en équipe ;

- Tenez compte des sentiments des autres lorsque vous posez des questions et écoutez (vraiment) lorsque vous êtes en position d'écoute ;

- Expliquez ce que vous avez appris à d'autres personnes ;

- Soyez attentif aux besoins et aux désirs de votre entourage scolaire ou professionnel ; vous serez ainsi plus en mesure de connaître les attentes de vos professeurs, patrons ou collègues ;

- Étudiez des sujets qui portent sur les relations interpersonnelles.

Chapitre 10

Mesurez votre intelligence intrapersonnelle

L'intelligence intrapersonnelle, c'est la capacité de réfléchir, de façon à faire le tour de nos pensées et de nos émotions avant d'entamer quelque action que ce soit. Si vous possédez cette intelligence, vous pouvez certainement cerner sans difficulté vos propres sentiments, désirs et intentions. Connaissant vos faiblesses, vous pouvez ainsi miser sur vos forces pour être en mesure de prendre les meilleures décisions en ce qui concerne votre vie.

Tous les aspects de notre vie peuvent bénéficier du développement de notre intelligence intrapersonnelle. Plutôt qu'être sous l'emprise d'émotions ou de gens indésirables, nous nous fions à nous, nous connaissant nous-mêmes très bien. Nous pouvons ainsi réfléchir sur le pourquoi des événements et découvrir comment nous pouvons les influencer favorablement.

Vous pouvez utiliser cette aptitude pour changer votre vision ou votre façon de vivre avec les autres. Vous aurez tendance à être plus positif et détaché, bref, plus équilibré.

En ce qui a trait à votre vie professionnelle, vous pourriez gagner de la crédibilité et asseoir votre réputation de « personne qui a la capacité de rassembler les gens ». Non seulement ne créez-vous pas de conflits inutilement, mais vous êtes celui qui peut les résoudre lorsqu'ils surviennent. Votre attitude optimiste et enthousiaste crée d'ailleurs inévitablement une énergie positive qui influence grandement la dynamique d'une organisation. Il est clair que votre support et votre intégrité feront de vous quelqu'un de recherché.

Enfin, vous possédez les compétences nécessaires pour reconnaître les jeux de pouvoir et être en mesure d'y faire face. Conséquemment, vous serez plus productif et mieux équipé pour faire face au stress et vos pairs auront davantage confiance en vous.

Test

Intelligence intrapersonnelle : où vous situez-vous ?

Évaluez chacune des affirmations suivantes :

1. J'ai quelques amis proches.

   Totalement ○   Partiellement ○   Pas du tout ○

2. Je travaille mieux quand je fais les choses à mon rythme.

   Totalement ○   Partiellement ○   Pas du tout ○

3. Je suis une personne réservée et j'aime mon univers intérieur.

   Totalement ○   Partiellement ○   Pas du tout ○

4. Je ne me laisse pas influencer facilement par les autres.

   Totalement ○   Partiellement ○   Pas du tout ○

5. Je comprends bien ce que je ressens.

   Totalement ○   Partiellement ○   Pas du tout ○

6. Je sais d'avance quelles sont mes réactions dans la plupart des circonstances.

   Totalement ○   Partiellement ○   Pas du tout ○

7. Je soulève souvent des questions sur les valeurs et les croyances.

   Totalement ○   Partiellement ○   Pas du tout ○

8. Je me sais responsable de mon comportement.

   Totalement ○   Partiellement ○   Pas du tout ○

Résultat et analyse

Chaque fois que vous avez répondu «totalement», accordez-vous 2 points; chaque fois que vous avez répondu «partiellement», accordez-vous 1 point. Lorsque vous avez répondu «pas du tout», ne vous attribuez aucun point. Calculez ensuite votre résultat.

Si vous avez obtenu moins de 5 points, vous avez une intelligence intrapersonnelle inférieure à la moyenne.

Si vous avez obtenu entre 6 et 10 points, vous avez une intelligence intrapersonnelle comparable à la moyenne.

Si vous avez obtenu 11 points et plus, vous avez une intelligence intrapersonnelle supérieure à la moyenne.

Accroissez votre intelligence intrapersonnelle

Si l'intelligence intrapersonnelle est l'une de vos intelligences dominantes, vous savez déjà que la compréhension de vos émotions vous apporte des « dividendes » dans tous les domaines de votre vie. Cependant, dans le feu de l'action, il est parfois difficile de penser rationnellement ; heureusement, vous êtes indéniablement de ceux qui préfèrent prendre du recul, réfléchir, souvent seul, avant d'agir – une façon de faire excellente qui vous permet d'agir et non pas seulement de réagir.

Les individus qui possèdent une grande intelligence intrapersonnelle sont perspicaces et en harmonie avec eux-mêmes... et avec les autres, évidemment.

Stratégies d'apprentissage

Voici quelques conseils pratiques qui peuvent vous aider à accroître cette forme d'intelligence.

* L'apprentissage et le développement de cette intelligence commencent dès la tendre enfance et continuent généralement tout au long de notre existence. Que ressent-on à un moment donné ou dans une circonstance particulière ? Pourquoi ressentons-nous alors cette émotion ? Réfléchissez à propos de ces émotions afin d'identifier leur cause véritable ou leur source originelle ;

* L'intelligence intrapersonnelle peut être développée en tenant un journal, en alimentant un portfolio, en évaluant votre travail à partir d'une grille de mesure qui vous permettra de

vous poser des questions sur la valeur et la progression de celui-ci, et d'y répondre;

- Reconnaissez que vous être libre, mais responsable de vos actes;

- Lorsque vous apprenez, essayez de déterminer votre façon de penser et évaluez-en les avantages;

- Évaluez vos forces personnelles en ce qui a trait à différents sujets;

- En situation d'apprentissage, prenez note de votre état affectif et évaluez si celui-ci vous est bénéfique ou nuisible;

- Servez-vous de votre capacité d'introspection pour vous détendre lorsque vous êtes entouré de bruit et d'activité;

- Canalisez la colère de façon à en tirer profit, évitez qu'elle ne devienne destructrice;

- Étudiez des sujets qui portent sur la perception intrapersonnelle.

Chapitre 11

Mesurez votre intelligence corporelle/kinesthésique

C onsidérer le contrôle de notre corps et de nos mouvements physiques comme faisant partie d'un type d'intelligence peut sembler inusité, d'autant plus qu'il n'y a
encore pas si longtemps, les compétences physiques et mentales étaient considérées comme étant deux entités distinctes.
Les spécialistes de la question se sont toutefois ravisés et ils
admettent, pour la majorité, qu'un facteur d'intelligence est clai-
rement identifiable quand nous devons faire mouvoir notre
corps. Cela est d'ailleurs particulièrement évident dans le cas
des acteurs ou des sportifs de haut niveau, qui ont la faculté
d'appréhender directement les actions, les émotions et les
mouvements des autres individus.

L'intelligence corporelle est cependant elle-même constituée d'un ensemble d'aptitudes. Voyons lesquelles :

- **La dextérité.** Elle-même divisée entre des capacités motrices fines (qui requièrent de la précision) et brutes (qui demandent davantage de force) ;

- **La coordination.** Le cerveau et le corps sont constamment en interaction. Le cerveau dirige les mouvements du corps et le corps lui fournit en retour des informations concernant sa position et ses actions. Une bonne coordination implique donc que les deux parties travaillent bien ensemble ;

- **L'équilibre.** Le cerveau et les muscles travaillent de concert pour garder le corps en équilibre ou pour le protéger lors d'une chute ;

- **Les réflexes.** Quand la vitesse de réaction dans une situation est plus importante que la précision, notre système d'autodéfense est considéré comme étant un réflexe ;

- **La flexibilité.** Elle est primordiale pour pouvoir s'adonner à un grand éventail d'activités physiques.

Comme on le voit, l'intelligence corporelle/kinesthésique touche donc le contrôle du corps et son action sur son environnement immédiat, et elle sous-tend une gestion centripète des mouvements du corps et une gestion extérieure des objets par le corps.

Test

Intelligence corporelle/kinesthésique : où vous situez-vous ?

Évaluez chacune des affirmations suivantes :

1. Je préfère participer aux activités plutôt qu'être spectateur.

   Totalement ○   Partiellement ○   Pas du tout ○

2. En position assise, je bouge ou je tape du pied.

   Totalement ○   Partiellement ○   Pas du tout ○

3. Je pratique des sports qui me procurent des sensations extrêmes.

   Totalement ○   Partiellement ○   Pas du tout ○

4. J'aime toucher les objets et en examiner la texture.

   Totalement ○   Partiellement ○   Pas du tout ○

5. J'ai une bonne coordination.

   Totalement ○   Partiellement ○   Pas du tout ○

6. J'aime le travail manuel.

   Totalement ○   Partiellement ○   Pas du tout ○

7. Je comprends mieux les choses si je les touche ou les manipule.

   Totalement ○   Partiellement ○   Pas du tout ○

8. J'aime créer des choses de mes mains.

   Totalement ○   Partiellement ○   Pas du tout ○

Résultat et analyse

Chaque fois que vous avez répondu «totalement», accordez-vous 2 points; chaque fois que vous avez répondu «partiellement», accordez-vous 1 point. Lorsque vous avez répondu «pas du tout», ne vous attribuez aucun point. Calculez ensuite votre résultat.

Si vous avez obtenu moins de 5 points, vous avez une intelligence corporelle/kinesthésique inférieure à la moyenne.

Si vous avez obtenu entre 6 et 10 points, vous avez une intelligence corporelle/kinesthésique comparable à la moyenne.

Si vous avez obtenu 11 points et plus, vous avez une intelligence corporelle/kinesthésique supérieure à la moyenne.

Développez votre intelligence corporelle/kinesthésique

Dans l'apprentissage, cette forme d'intelligence signifie : rendre concrets nos processus de pensée, les rendre visibles comme s'ils devenaient des choses susceptibles d'être manipulées, réorganisées, construites en toute connaissance de cause.

Voici quelques conseils pratiques pour y arriver.

Stratégies d'apprentissage

- Cherchez des façons d'apprendre par l'expérience pratique ;

- Reliez des mouvements, des gestes et des expressions faciales à différents sujets d'information ;

- Utilisez des jeux et pour mieux comprendre et pour mémoriser ce que vous apprenez.

Si l'intelligence corporelle est l'une de vos intelligences dominantes, il se peut fort bien que vous préfériez apprendre en faisant des choses avec vos mains ou en pratiquant une activité physique. Ainsi, votre mode d'apprentissage devient ce qu'on qualifie de « tactile ». Voici quelques conseils plus spécifiques :

- Prenez des notes concernant ce que vous entendez et lisez ;

- Suivez une série de directives ;

- Créez des exercices ou des mouvements physiques que vous pouvez associer à des mots, des idées et des concepts ;

- Bien entendu, pratiquez des sports ou des activités physiques, et faites des travaux manuels.

Chapitre 12

Mesurez votre intelligence musicale

L a musique est omniprésente dans nos vies. Elle nous aide à apprendre et à mémoriser. Qui plus est, elle semble avoir le pouvoir de nous apaiser, de nous donner de l'énergie, sans oublier qu'elle peut nous inspirer. Dans la musique, il y a le ton et le rythme, comme pour le langage.

L'intelligence musicale, c'est donc la capacité de créer, de communiquer et de comprendre des significations associées à des sons ; à les distinguer et à suivre un rythme. Cette intelligence ne touche toutefois pas que la musique, elle englobe aussi tout ce qui est « bruit » ou modèle vibratoire.

Si vous possédez ce type d'intelligence à un haut niveau, vous portez certainement en vous une attirance pour la musique et pour les modèles rythmiques. Vous pouvez sûrement reproduire une mélodie ou un modèle rythmique, et ce, dès la première audition d'un morceau – vous identifiez aisément les différents instruments musicaux dans une composition. Vous devez avoir une certaine habileté à imiter des sons ou des accents. Enfin, vous êtes aussi sans doute très sensible aux bruits de votre environnement, car ceux-ci peuvent avoir un impact sur vous.

Test

Intelligence musicale : où vous situez-vous ?

Évaluez chacune des affirmations suivantes :

1. Pour me rappeler certaines choses, je compose une chanson.

   Totalement ○   Partiellement ○   Pas du tout ○

2. Je joue de la musique dans ma tête.

   Totalement ○   Partiellement ○   Pas du tout ○

3. Il m'est facile de suivre le rythme d'une musique.

   Totalement ○   Partiellement ○   Pas du tout ○

4. J'aime composer une musique pour des poèmes.

   Totalement ○   Partiellement ○   Pas du tout ○

5. Quand j'entends une musique, je bats la cadence.

   Totalement ○   Partiellement ○   Pas du tout ○

6. Je perçois les fausses notes.

   Totalement ○   Partiellement ○   Pas du tout ○

7. Je m'engage facilement dans des activités musicales.

   Totalement ○   Partiellement ○   Pas du tout ○

8. Je suis fier de mes réalisations musicales.

   Totalement ○   Partiellement ○   Pas du tout ○

Résultat et analyse

Chaque fois que vous avez répondu «totalement», accordez-vous 2 points; chaque fois que vous avez répondu «partiellement», accordez-vous 1 point. Lorsque vous avez répondu «pas du tout», ne vous attribuez aucun point. Calculez ensuite votre résultat.

Si vous avez obtenu moins de 5 points, vous avez une intelligence musicale inférieure à la moyenne.

Si vous avez obtenu entre 6 et 10 points, vous avez une intelligence musicale comparable à la moyenne.

Si vous avez obtenu 11 points et plus, vous avez une intelligence musicale supérieure à la moyenne.

Développez
votre intelligence musicale

L'intelligence musicale est un magnifique instrument de communication, et ceux qui la possèdent ont le potentiel et la possibilité d'être de très bons communicateurs. Comme pour les autres formes d'intelligence, il est possible de la développer.

Voici quelques trucs et conseils.

Stratégies d'apprentissage

- Écoutez de la musique; chantez, dansez; jouez différents types d'instruments, et/ou composez des pièces musicales;

- Gardez l'esprit ouvert; essayez de reconnaître, dans l'intonation des autres (et à travers tous les sons) ce qu'ils désirent exprimer;

- Associez l'ambiance d'une musique à différents sujets d'études, vous retiendrez la matière plus facilement;

- Créez des sons que vous pourrez lier à d'autres informations pour mieux la mémoriser; créez des « chansons » et des rythmes pour les sujets que vous étudiez;

- Écoutez de la musique pour vous détendre.

Si l'intelligence musicale est l'une de vos intelligences dominantes, il se peut aussi fort bien que vous saisissiez davantage les nouvelles idées et les nouveaux concepts lorsque vous entendez de l'information. De plus, il est possible que vous

vous concentriez mieux lorsqu'il y a de la musique ou un bruit de fond. Voici quelques stratégies qui vont dans ce sens :

- Enregistrez les exposés que vous avez à présenter, et écoutez-les à quelques reprises ;

- Résumez ce que vous avez appris et enregistrez-vous en le faisant, de façon à pouvoir vous écouter ;

- Lisez vos notes ou les textes à voix haute ;

- Expliquez ce que vous avez appris à d'autres personnes ;

- Composez une chanson avec les éléments que vous devez mémoriser ;

- Écoutez de la musique lorsque vous étudiez ou travaillez. Ainsi, vous pourrez lier des mots, des idées et des concepts à des thèmes musicaux.

Chapitre 13

Mesurez
votre intelligence
écologique

L'intelligence écologique, aussi appelée intelligence naturaliste, c'est l'aptitude à discerner l'organisation du vivant ;
à distinguer, à classifier et à utiliser les caractéristiques
de notre environnement personnel. C'est également l'aptitude
à identifier les plantes, les animaux, et tous les autres éléments
qui composent le monde naturel, ainsi qu'être en mesure d'observer les connexions et les modèles qui les relient.

Les individus qui possèdent cette intelligence à un haut
niveau sont conscients des changements qui se produisent
dans l'environnement. Leur perception sensorielle est, en outre,
très développée, ce qui leur permet d'ailleurs de percevoir des
choses dont les autres ne suspectent même pas l'existence.

Cette empathie pour la nature est fréquemment jumelée à une aptitude à classifier et à catégoriser des spécimens géologiques et biologiques. Il n'est donc pas étonnant que ces individus aiment collectionner des objets s'y rattachant. Les jeunes enfants qui possèdent cette intelligence à un niveau très élevé sont très « branchés » au monde naturel – ils ont habituellement beaucoup de plaisir à regarder des documentaires et des livres qui touchent ce sujet.

Test

Intelligence écologique : où vous situez-vous ?

Évaluez chacune des affirmations suivantes :

1. Je remarque les similarités et les différences dans les arbres, les fleurs et les autres éléments de la nature.

   Totalement ○   Partiellement ○   Pas du tout ○

2. J'aime faire des fouilles pour découvrir des objets.

   Totalement ○   Partiellement ○   Pas du tout ○

3. Je contribue activement à la protection de l'environnement.

   Totalement ○   Partiellement ○   Pas du tout ○

4. Je préfère être à l'extérieur qu'à l'intérieur.

   Totalement ○   Partiellement ○   Pas du tout ○

5. J'aime m'occuper d'un jardin.

   Totalement ○   Partiellement ○   Pas du tout ○

6. La meilleure façon d'apprendre, pour moi, est d'aller en excursion, de voir des expositions sur la nature.

   Totalement ○   Partiellement ○   Pas du tout ○

7. Je devine les changements de température à venir par le vent ou par la formation de nuages.

   Totalement ○   Partiellement ○   Pas du tout ○

8. J'aime les animaux et ils me font confiance.

   Totalement ○   Partiellement ○   Pas du tout ○

9. Je suis attiré par les phénomènes naturels.

   Totalement ○   Partiellement ○   Pas du tout ○

10. Mes sens, la vue, l'ouïe, le goût, l'odorat et le toucher sont très développés.

   Totalement ○   Partiellement ○   Pas du tout ○

Résultat et analyse

Chaque fois que vous avez répondu «totalement», accordez-vous 2 points; chaque fois que vous avez répondu «partiellement», accordez-vous 1 point. Lorsque vous avez répondu «pas du tout», ne vous attribuez aucun point. Calculez ensuite votre résultat.

Si vous avez obtenu moins de 7 points, vous avez une intelligence écologique inférieure à la moyenne.

Si vous avez obtenu entre 7 et 12 points, vous avez une intelligence écologique comparable à la moyenne.

Si vous avez obtenu 13 points et plus, vous avez une intelligence écologique supérieure à la moyenne – vous vous percevez certainement comme faisant partie d'un tout et accordez une très grande importance à tout ce qui fait partie du monde naturel.

Aiguisez
votre intelligence écologique

La capacité de protéger la nature afin d'aider toutes les espèces – les hommes en particulier – est liée à l'intelligence écologique ; elle est vitale à la continuité de la vie. Nous devrions tous être conscients du fait que cette planète ne nous appartient pas, qu'il faut la partager. Les individus possédant cette intelligence comprennent et respectent ce concept de façon instinctive.

Pour les autres, il est possible d'aiguiser cette forme d'intelligence. Voici quelques conseils à mettre en pratique.

Stratégies d'apprentissage

- Promenez-vous dans la nature ou dans un parc ; prenez le temps d'observer ce qui se passe autour de vous. Soyez attentif aux animaux, aux oiseaux, aux plantes, aux effets des éléments naturels sur l'environnement ;

- Lisez des revues spécialisées qui traitent de la nature et regardez des émissions télévisées qui traitent du sujet ;

- Prenez des notes de ce que vous voyez, entendez et lisez ; dessinez votre environnement ;

- Reliez ce que vous apprenez à des modèles de votre environnement ;

- Utilisez votre capacité à collectionner pour vous aider à classer et à structurer les idées, les connaissances et les concepts que vous apprenez.

- De façon plus générale, mettez à profit vos intelligences multiples, lesquelles vous fournissent des combinaisons de capacités et d'habiletés constamment réactualisées.

Récapitulatif
Comment développer vos intelligences

Intelligence linguistique

En écrivant, en lisant, en racontant des histoires. En étant ouvert à la culture et à la langue d'autres communautés ou d'autres peuples. Restez concentré ; ne vous laissez pas distraire par des futilités. Soyez à l'affût de l'idée maîtresse et cherchez le ou les fils conducteurs. Gardez l'esprit ouvert ; ne balayez pas du revers de la main les idées qui ne vous plaisent pas ou qui vous semblent curieuses ou extravagantes.

Intelligence logique-mathématique

Soyez méthodique ; dressez des plans et des schémas. Planifiez votre travail à partir de grilles de vérification que vous aurez établies, ce qui vous permettra d'évaluer votre progression. Structurez l'information dans différentes catégories et classez les différents éléments d'information par ordre d'importance pour vous aider à la mémoriser.

Intelligence visuelle/spatiale

Développez cette intelligence en pratiquant les arts appliqués ou visuels, en composant des schémas, en dessinant, en faisant de l'observation et en développant votre créativité. Utilisez des graphiques et des tableaux pour comprendre des concepts et dessinez-vous des diagrammes, des graphiques et des schémas pour vous expliquer les choses. D'une façon générale, utilisez des éléments visuels pour vous aider à mémoriser ce que vous apprenez.

Intelligence interpersonnelle

Partagez votre compréhension et vos jugements des travaux que vous accomplissez – ou des éléments d'information – et travaillez en équipe. Apprenez en observant les individus en action et en tentant d'éclaircir les dynamiques de groupe. Tentez de résoudre les conflits auxquels vous faites face ou auxquels vous assistez en utilisant vos compétences de négociateur. Pratiquez l'écoute active.

Intelligence intrapersonnelle

Tenez un journal, alimentez un portfolio, évaluez votre travail à partir d'une grille de mesure, laquelle vous permettra de vous poser des questions sur la valeur et la progression de vos efforts. Évaluez vos forces personnelles en ce qui a trait à différents sujets. Servez-vous de votre capacité d'introspection pour vous détendre lorsque vous êtes entouré de bruit et d'activité. Reconnaissez que vous être libre, mais responsable de vos actes.

Intelligence corporelle/kinesthésique

Utilisez des jeux et des simulations pour mieux comprendre et pour mémoriser ce que vous apprenez. Créez des exercices ou des mouvements physiques que vous pouvez associer à des mots, des idées et des concepts. Pratiquez des sports ou des activités physiques, et effectuez des travaux manuels.

Intelligence musicale

Apprenez en écoutant de la musique, en chantant, en dansant, en jouant de différents instruments et en composant des pièces musicales. Soyez attentif aux intonations des autres, comme à tous les sons, et considérez le non-dit.

Intelligence écologique

Promenez-vous dans la nature ou dans un parc; prenez le temps d'observer ce qui se passe autour de vous. Soyez attentif aux animaux, aux oiseaux, aux plantes, aux effets des éléments naturels sur l'environnement. Prenez des notes de ce que vous voyez, entendez et lisez; dessinez votre environnement. Reliez ce que vous apprenez à des modèles de votre environnement. Ouvrez-vous à la notion de partage.

Les autres formes d'intelligence

Comme nous l'avons vu au tout début de cet ouvrage, les tests classiques visant à mesurer le quotient intellectuel de chaque individu ont subi et subissent encore d'importantes modifications depuis maintenant quelques années. Ainsi, nous pouvons mesurer plus justement les différentes formes d'intelligence. Les tests des huit intelligences de Gardner, que nous vous avons présentés dans les chapitres précédents, cernent effectivement les huit formes principales d'intelligence qui composent ce qu'on appelle maintenant l'intelligence globale. Mais il existe aussi d'autres tests qui visent à évaluer d'autres catégories, représentant des facultés ou des capacités encore plus spécifiques.

Deux de ces catégories ont retenu notre attention parce qu'elles touchent des aspects auxquels personne n'est indifférent: il s'agit des intelligences créative et intuitive. Nous leur consacrerons donc les deux prochains chapitres, afin de vous permettre d'évaluer si vous êtes doté de ce type d'intelligence.

Chapitre 14

Mesurez votre intelligence créative

L'intelligence créative génère de nouvelles informations et de nouvelles idées pour développer plusieurs solutions à un problème donné, contrairement à l'intelligence logique, qui ne recherche, elle, qu'une seule solution. Cette intelligence est évidemment très utile dans un monde en perpétuel changement et dans lequel tout se déroule à une vitesse prodigieuse.

Dès nos premières années passées à l'école, nous sommes appelés à utiliser la logique et des modèles stricts d'apprentissage à travers une multitude d'informations et d'exercices basés essentiellement sur la présomption, c'est-à-dire de bonnes et de mauvaises réponses. Cela est basé sur ce que l'on appelle l'intelligence convergente. Pourtant, aussitôt que nous quittons les bancs de l'école pour nous engager dans l'univers professionnel, nous constatons que l'intelligence créative est aussi appréciée que l'intelligence logique. Et pour cause! Les individus possédant une grande intelligence créative peuvent penser de façon libre et spontanée. Évitant les idées extravagantes ou carrément farfelues, ces individus ont la capacité de prendre leur temps dans leur processus de décision : ils s'assurent que leurs idées fleurissent, qu'elles prennent de la maturité et évoluent de façon à ce qu'elles puissent éventuellement se concrétiser. Ces individus excellent naturellement en tant qu'artistes, chercheurs ou professionnels de la communication.

Cette intelligence créative relève essentiellement de quatre aspects : l'originalité, qui permet d'avoir des idées qui se distinguent de celles des autres et qui permet d'imaginer au-delà des paramètres établis ; la flexibilité, c'est-à-dire l'aptitude qui permet de se nourrir d'idées provenant de plusieurs domaines ou de différentes cultures ; la fluidité, laquelle permet de générer plusieurs idées pour former la base d'une structure décisionnelle ; et, enfin, l'élaboration, qui permet aux idées de se nourrir entre elles de façon dynamique afin d'êtres améliorées.

La pensée latérale

L'élément primordial dans l'intelligence créative est la pensée latérale, un mode de pensée qui permet de produire de nouvelles idées en parcourant des chemins inexplorés. Ce mode de pensée permet également de changer de cadre de référence et d'éliminer certaines « barrières » pour libérer la pensée créatrice. En d'autres mots, il s'agit d'une approche qui nous permet d'observer une situation sous différents angles afin de découvrir de nouvelles options.

Cette forme de pensée est d'autant plus utile lorsque nous nous retrouvons, en quelque sorte, dans un cul-de-sac, et qu'une autre solution ou une autre possibilité doit être trouvée, ce qui est souvent le cas dans les situations du quotidien. Et attention, la pensée logique peut nous limiter dans nos options. Penser de façon latérale, en évitant de se restreindre à ce qui semble être l'évidence, peut être un excellent outil pour prendre de meilleures décisions, et ce, dans tous les domaines de notre vie.

Test

Pensée latérale : où vous situez-vous ?

Prenez votre temps, gardez l'esprit ouvert, soyez flexible et créatif dans votre approche.

1. Katy et Katou sont étendus sur le plancher ; ils sont morts. Autour de leurs corps se trouvent des morceaux de verre provenant d'un récipient fait de cette matière. Il n'y a pas de marques sur leurs corps et ils n'ont pas été empoisonnés. Comment sont-ils morts ?

2. Une femme observe son mari en train de sauter d'un pont avant de célébrer avec ses amis. Pourquoi ?

3. Le corps d'un homme gît dans un champ, et il porte un sac à son dos. Comment est-il mort ?

4. Dans un jardin se trouvent un chapeau, un foulard, une carotte et trois boutons de chemise. Comment ces objets se sont-ils retrouvés là ?

5. Un cheval saute par-dessus une tour avant d'être capturé par un fou. Quand cela se produit-il ?

6. Un homme et sa fille sont blessés durant un accident avant d'être conduits à l'hôpital. Quand le médecin aperçoit la fille sur la table d'opération, il s'exclame : « C'est ma fille ! » Comment est-ce possible ?

Réponses et analyse

1. Katie et Katou sont des poissons rouges dont le bocal s'est brisé lorsqu'il s'est renversé.

2. Le mari a sauté en *bungee*.

3. C'est un parachutiste dont le parachute ne s'est pas ouvert.

4. Ils appartiennent à un bonhomme de neige qui a fondu.

5. Pendant une partie d'échecs.

6. Le médecin est la mère de la fille.

Si vous avez obtenu 2 réponses ou moins, vous possédez une pensée latérale qui s'inscrit dans la moyenne. Au vu des réponses, vous vous êtes sans doute dit que les réponses étaient plutôt ridicules. Mais tout est question de personnalité. Dans votre cas, c'est simplement que vous avez probablement tendance à raisonner de manière déductive plutôt que d'utiliser votre pensée latérale. Nous utilisons fréquemment notre expérience comme un outil décisionnel, mais cette façon de faire peut nous restreindre dans nos choix, car il est possible que la solution appropriée se rapporte à quelque chose que nous n'avions encore jamais vécu, voire jamais imaginé. Dorénavant, avant de puiser dans votre expérience passée, voyez d'abord si vous avez effectivement vécu le même genre de situation ; si ce n'est pas le cas, essayez d'imaginer de nouvelles solutions.

Si vous avez obtenu 3 réponses et plus, vous possédez une excellente pensée latérale. Vous ne limitez pas votre réflexion au cadre traditionnel et vous ne craignez pas de sortir des sentiers battus. Les autres vous considèrent certainement comme étant quelqu'un de créatif lors de la résolution de problèmes.

Développez votre pensée latérale

La façon la plus simple pour commencer à développer sa pensée latérale est de changer nos petites habitudes de vie. Dressez donc une liste de ces petites activités auxquelles vous vous adonnez régulièrement – prendre un café au restaurant du coin avant de partir travailler, dîner à la cafeteria tous les midis, etc. À côté de chacune de ces activités, identifiez le plus de solutions de rechange possible, comme prendre un jus d'orange, vous arrêter dans un café près du travail plutôt que près de la maison, apporter un lunch pour le midi ou aller dans un petit bistro voisin. Essayez ainsi de trouver quatre options pour chacune des activités que vous avez notées. Ensuite, expérimentez chacune de ces options. En modifiant ainsi votre façon de faire, probablement devenue routinière, votre pensée latérale s'en trouvera stimulée.

Il existe aussi de nombreuses techniques efficaces pour favoriser le processus de pensée créative. Penser sans structure peut parfois être difficile, mais presque tous les individus sont capables d'atteindre un certain niveau de créativité – il s'agit simplement de «débloquer» ses idées. Le remue-méninges (*brainstorming*), qui consiste à générer des idées dans un contexte créatif et dans un environnement non structuré, en est une. Tout est enregistré, rien n'est mis de côté ou critiqué. Il s'agit simplement de favoriser l'éclatement des barrières de la pensée pour produire une série d'idées qui peuvent être revues par la suite selon leur pertinence.

La clé du succès d'une séance de remue-méninges est la quantité d'idées générée plus que leur qualité. Évidemment, les idées les plus communes tendent à émerger en premier. Ainsi, les 20 ou 30 premières idées risquent de ne pas être les plus innovatrices et les plus créatives. Il est important de vous rappeler que plus nombreuses seront les idées, plus vous aurez de matériel que vous pourrez ensuite épurer, adapter ou expérimenter.

Stratégies d'apprentissage

Pour développer cette aptitude, voici quelques petits conseils.

- Explorez un problème sous divers angles (c'est fondamental). Imaginez toutes les possibilités et posez-vous ces questions: qui? quoi? où? comment? pourquoi?

- Organisez une session de remue-méninges, comportant idéalement de 3 à 6 personnes. Respectez les règles suivantes: une session de 30 minutes, sans qu'aucun jugement ou critique ne soit émis. Notez aussi toutes les idées, de façon à ce que tous les participants les voient et puissent ainsi construire à partir des idées des autres.

Chapitre 15

Mesurez votre intelligence intuitive

L a capacité de déchiffrer des modèles contenant des informations, apparemment chaotiques, est quelque chose
de propre à notre subconscient, et on l'identific comme
étant l'intelligence intuitive. Ne vous est-il jamais arrivé de trouver soudainement la réponse à un problème pendant que vous
étiez affairé à autre chose ? Le processus est relativement simple :
notre cerveau emmagasine tout ce qui survient autour de nous
et classe ces informations pour une éventuelle utilisation ulté-
rieure, qui surgira alors comme un éclair ou un *flash*, voire une
« révélation ».

De façon générale, les humains possèdent des aptitudes
pour gérer l'information. Ils sont en mesure d'examiner les faits,
d'en faire ressortir les détails importants et d'en tirer des con-
clusions. L'information peut cependant être isolée de sa source.
Il est alors presque impossible d'arriver à établir des liens qui

puissent nous fournir une réponse. L'intelligence logique/mathé-matique est alors dépassée – ou nous laisse tomber ! –, l'infor-mation demeure compartimentée et elle ne semble plus exister. C'est alors, et alors seulement, que l'intelligence intuitive se mani-festera et que la « réponse » cherchée nous apparaîtra claire-ment.

L'intuition, c'est, en quelque sorte, le filet de sûreté de notre subconscient. Perspicace, celui-ci rassemble l'information que notre conscient a pu délaisser. Les individus intuitivement intel-ligents ont un accès plus facile à ces informations. Les autres ne les perçoivent qu'occasionnellement.

Test

Intelligence intuitive : où vous situez-vous ?

Évaluez chacune des affirmations suivantes.

1. Je remets parfois une décision à plus tard car je crois que la situation risque de s'éclaircir avec le temps.

    Jamais ○   Occasionnellement ○   Toujours ○

2. J'ai parfois des intuitions au sujet de choses qui se révèlent être vraies par la suite.

    Jamais ○   Occasionnellement ○   Toujours ○

3. Je devine régulièrement ce qui va arriver dans un film ou dans un livre.

    Jamais ○   Occasionnellement ○   Toujours ○

4. Je lis rarement les instructions d'un produit ; j'apprends par essais et erreurs.

    Jamais ○   Occasionnellement ○   Toujours ○

5. Je lis entre les lignes pour voir plus loin que ce qu'une personne me dit ou m'écrit.

    Jamais ○   Occasionnellement ○   Toujours ○

6. J'arrive parfois à des résultats sans pouvoir expliquer comment j'y suis parvenu.

    Jamais ○   Occasionnellement ○   Toujours ○

7. Je porte de l'intérêt aux choses et aux situations différentes ou nouvelles.

    Jamais ○   Occasionnellement ○   Toujours ○

8. Je peux deviner si deux personnes entretiennent une relation, même si celle-ci est tenue secrète.

   Jamais ◯   Occasionnellement ◯   Toujours ◯

9. Quand je rencontre une nouvelle personne, je fais confiance à mon instinct.

   Jamais ◯   Occasionnellement ◯   Toujours ◯

Réponses et analyse

Chaque fois que vous avez répondu «jamais», accordez-vous 1 point; chaque fois que vous avez répondu «occasionnellement», accordez-vous 2 points. Lorsque vous avez répondu «toujours», accordez-vous 3 points. Calculez ensuite votre résultat.

Si vous avez obtenu 12 points ou moins, vous êtes probablement du genre, «hors la logique, rien n'existe», aussi, même si votre intuition se manifeste, vous vous empressez de la refréner parce que vous lui faites peu ou pas confiance.

Si vous avez obtenu entre 13 et 20 points, vous avez une intelligence intuitive qui se situe dans la moyenne. Vous êtes à l'écoute de ce qui vous entoure, mais vous ne considérez pas toujours la situation dans sa globalité. Vous devriez développer votre intelligence intuitive en faisant confiance à votre jugement intérieur.

Si vous avez obtenu 21 points et plus, vous possédez une très grande intelligence intuitive. Vous identifiez les indices et les idées, et les emmagasinez dans votre subconscient pour ensuite les utiliser à bon escient dès que la situation l'exige.

Développez votre intuition

Les individus dotés d'une forte intelligence intuitive se font une impression des événements sur lesquels ils possèdent peu de détails et sont capables de les concevoir dans leur globalité. Ils arrivent rapidement à trouver des idées, des concepts, à mettre en relation certains faits.

Stratégies d'apprentissage

- Remettez d'une journée une décision que vous avez à prendre ou une action que vous avez à faire. Profitez de ce nouveau délai pour noter sur papier ce que vous auriez fait si vous aviez agi immédiatement. Accordez-vous quelques heures de réflexion, le temps que votre intuition digère l'information, puis écrivez à nouveau ce que vous ferez lorsque vous devrez annoncer votre décision ou passer à l'action. Êtes-vous arrivé à de nouvelles perspectives? Qu'est-ce que votre conscient a négligé que votre subconscient vous a rappelé?

- Avant de vous endormir, interrogez votre subconscient sur une question donnée ou sur un sujet particulier; le lendemain matin, à votre réveil, vos perspectives risquent d'être différentes.

- Retenez que la loi de l'action et de la réaction est universelle; l'intelligence logique/mathémathique est une action; l'intelligence intuitive est, en revanche, une réponse spontanée de notre subconscient à cette pensée – c'est la réaction. Ne la repoussez pas sans lui accorder l'attention qu'elle mérite.

Chapitre 16

La mémoire:
la clé des intelligences

mpossible de ne pas consacrer quelques lignes à la mémoire dans cet ouvrage sur les intelligences.

Contrairement à la croyance populaire, les cellules du cerveau ne meurent pas avec l'âge sans être remplacées. De nouvelles cellules se développent quand les neurotrophines (molécules stimulant la croissance) viennent nourrir les dendrites et les synapses situées dans l'hippocampe, la zone du cerveau qui influe le plus sur la mémoire. Ce phénomène a plus de chances d'avoir lieu si tous les sens, vue, ouïe, odorat, goût et toucher sont intensément et régulièrement stimulés.

Le cerveau est considéré comme faiblement stimulé lorsque ce sont les mêmes «voies» qui sont utilisées de manière répétée, comme dans le cas de tâches routinières. Des études scientifiques ont démontré que l'aptitude à résoudre un problème, ainsi que la performance dans les tâches faisant appel à la mémoire s'améliorent quand le cerveau est confronté à des situations nouvelles et difficiles. Plus souvent qu'autrement, nous nous servons essentiellement de notre vue et de notre ouïe : l'utilisation des autres sens, toucher, goût et odorat, deviendra plus facile et plus naturelle lorsque des connexions seront nouvellement établies entre les neurones.

Voyons les points auxquels nous devrions accorder une attention particulière afin d'améliorer notre mémoire et de maximiser nos potentiels intellectuels :

Le sommeil. Le cerveau profite de la nuit pour trier et classer les souvenirs de la journée. C'est lors des phases de sommeil paradoxal que les neurones organisent les informations reçues dans la journée. Si vous manquez une de ces deux ou trois phases nocturnes, la consolidation de vos souvenirs est très perturbée. Nous devrions donc toujours veiller à la qualité de notre sommeil.

L'alimentation. Une nourriture saine et équilibrée joue un rôle important dans l'alimentation du cerveau, lui apportant tous les nutriments nécessaires à son bon fonctionnement – nous en reparlerons au prochain chapitre. N'oubliez pas que le cerveau a besoin d'un apport constant en glucides, alors mangez à des heures régulières.

L'utilisation. La mémoire ne s'use que si l'on ne s'en sert pas ! Jouez au Scrabble, aux échecs, au bridge ou à tout autre jeu de logique ou de stratégie. Si vous ne trouvez pas de partenaire, rabattez-vous sur les mots croisés.

L'« entretien » et la prévention. Pour entretenir votre mémoire, vous devez la faire travailler, mais il est inutile de mémoriser des choses sans aucune raison. Mieux vaut essayer avec des événements de la vie de tous les jours. Apprenez par cœur les numéros de téléphone que vous utilisez au lieu de consulter votre calepin ; essayez aussi de mémoriser la liste des courses avant de partir au supermarché, par exemple. Ce faisant, vous augmenterez rapidement votre capacité de mémorisation.

La curiosité. Les gens intelligents ne sont-ils pas curieux ? Amusez-vous tout en apprenant. Intéressez-vous à de nouvelles choses. Lisez des livres ou regardez des émissions sur des sujets qui vous sont méconnus ou inconnus, mais qui piquent votre curiosité. Dites-vous qu'une journée sans nouveauté est... une journée perdue !

Chapitre 17

Intelligence et alimentation : maximisez vos performances

e stress inhérent aux situations que nous rencontrons dans la vie quotidienne, le rythme effréné auquel nous vivons, l'agitation et le bruit qui caractérisent notre environnement : voilà tout autant de facteurs qui agissent sur nos différentes intelligences en les rendant moins performantes. Cela est inévitable, puisque la tension à laquelle nous sommes soumis nous conduit au bord de l'explosion ou de la cassure. Notre système nerveux affaiblit l'utilisation de notre cerveau et de ses différentes intelligences.

L'alimentation peut heureusement «*énergiser*» notre corps et stimuler nos intelligences. Voici quelques conseils touchant l'alimentation qui pourront vous aider à maximiser vos performances intellectuelles.

De l'eau pour une bonne tête!

L'eau est le principal constituant du corps humain. La quantité moyenne d'eau contenue dans un organisme adulte est de 65 %, ce qui correspond à environ 45 litres d'eau pour une personne de 70 kilos. Outre le sang, les organes les plus riches en eau sont le cœur et le cerveau.

Le corps humain ne peut stocker l'eau. L'organisme élimine en permanence de l'eau via les excrétions (principalement l'urine), la respiration (au moment de l'expiration) et surtout la transpiration. Les quantités d'eau ainsi évacuées varient naturellement en fonction des conditions atmosphériques et des activités : plus la chaleur et/ou l'activité physique sont importantes, plus la transpiration est abondante. L'homme doit donc, chaque jour, subvenir à ses besoins en eau, en buvant et en mangeant – car les aliments en contiennent aussi beaucoup.

Pour maintenir l'organisme en bonne santé, les pertes en eau doivent toujours être compensées par des apports réguliers. La soif est d'ailleurs un mécanisme par lequel l'organisme « avertit » qu'il est en état de déshydratation, et c'est pourquoi il n'est pas bon d'attendre d'avoir soif pour boire. Or, la déshydratation, si elle atteint un certain niveau, tend à réduire le volume sanguin, et peut même réduire le volume d'eau à l'intérieur des cellules – celles du cerveau sont particulièrement sensibles à ce problème. Ainsi, une perte d'eau de plus de 2 % de la masse corporelle (soit de 1,4 litre pour une personne de 70 kilos) entraîne une baisse des performances physiques et peut affecter les processus mentaux, tels que les capacités de concentration.

La quantité globale d'eau nécessaire à un adulte de taille moyenne, vivant en région tempérée et ne fournissant pas d'effort physique particulier, est d'environ 2,5 litres par jour, dont environ 1 litre est apporté par les aliments et 1,5 litre par les boissons.

Veillez donc à ne pas en manquer.

Un cerveau sucré et oxygéné

Le cerveau est un très grand consommateur d'énergie. Son principal carburant est le sucre, vous ne devez donc pas l'en priver! À lui seul, il prélève 25 % du sucre et 20 % de l'oxygène consommé par notre organisme, alors qu'il ne représente pourtant que 2 % de notre poids corporel. Le cerveau ne stocke pas le glucose et en ce sens, l'apport sanguin doit donc répondre « en temps réel » au besoin des cellules.

Étant donné que le cerveau puise directement le sucre dans le sang selon ses besoins, il est essentiel de prendre ses repas à des heures fixes pour lui fournir un apport constant en sucre (les sucres lents tels ceux des pâtes et du riz sont préférables aux sucres rapides). Ce faisant, vous fournirez un apport constant de glucides à votre cerveau, et vous vous assurerez d'être performant au maximum.

Quant à l'oxygène, c'est lui qui diffuse directement le sang dans les cellules cérébrales, en plus de participer à un grand nombre de réactions chimiques, telles que l'utilisation du glucose pour donner de l'énergie, la détoxication, et les transformations chimiques. Conséquemment, il est primordial d'avoir une bonne circulation sanguine et une oxygénation de bonne qualité. L'activité physique et un poids santé sont les éléments qui y contribuent le plus.

Les vitamines

La vitamine B_9 (acide folique). La vitamine B_9 influence positivement vos capacités intellectuelles. Hydrosoluble, elle a comme principale fonction de faire la synthèse protéinique, la synthèse de l'ADN, et d'interagir avec le métabolisme des acides aminés. Elle permet, notamment, d'éviter la fatigue intellectuelle ; de plus, elle permet la croissance et la reproduction cellulaire et elle est utilisée pour vaincre l'anémie.

Voici quelques aliments dans lesquels elle se retrouve de façon concentrée : foie de poulet cuit, foie de bœuf cuit, épinards cuits, lentilles cuites, pois chiches, choux de Bruxelles cuits, betteraves cuites, jus d'orange, asperges, laitue romaine, avocats, bananes, persil, fenouil, germe de blé et noix. Dans le cas des légumes, soulignons que la cuisson, la mise en conserve et la congélation diminuent la teneur en vitamine B_9. La plupart des céréales, pour le petit déjeuner, sont enrichies en différentes vitamines et constituent généralement une excellente source d'acide folique.

Il est recommandé de prendre une dose quotidienne de 0,3 mg de vitamine B_9 pour les adultes ; pour les enfants entre 1 et 12 ans, la dose recommandée est de 0,1 mg, alors qu'entre 12 et 19 ans, la dose est plutôt de 0,2 mg par jour.

La vitamine B_1. Cette vitamine joue un rôle prépondérant sur le plan de la concentration. Selon de nombreuses études, il serait essentiel d'en prendre au petit déjeuner afin de rester concentré tout au long de la journée.

La vitamine B_1 est un catalyseur biologique des réactions fournissant l'énergie à l'organisme ; elle synthétise les graisses et le métabolisme des carbohydrates et des protéines. Elle stimule l'appétit, mais surtout, elle contribue à maintenir l'équilibre nerveux. Enfin, elle favorise l'absorption de l'oxygène par les cellules et l'assimilation des sucres.

On retrouve la vitamine B_1 dans l'enveloppe des grains (blé, riz, etc.) et dans d'autres végétaux, comme les noix, les arachides, les légumineuses; dans la plupart des fruits et des légumes et dans les levures. Elle est également très présente dans le germe et la cuticule des céréales. Pour les adultes, la consommation quotidienne recommandée est de 1,5 mg.

La vitamine B$_{12}$. Elle est essentielle à l'adolescence car elle favorise un développement intellectuel harmonieux; c'est elle, par exemple, qui voit à la croissance des cellules et à la synthèse d'ADN. De plus, elle a un rôle antalgique, antianémique, détoxiquant et anabolisant. Elle permet d'assimiler les glucides, les lipides et les acides aminés (protéines) en libérant leurs sources d'énergie.

Une carence en vitamine B$_{12}$ peut entraîner divers problèmes, tels des troubles neurologiques, la détérioration du système immunitaire, diverses névralgies telles que diabète, douleurs rhumatismales, colites, et fatigue physique et intellectuelle.

On retrouve principalement la vitamine B$_{12}$ dans la viande, la volaille, le poisson, les fruits de mer, le lait, le fromage et les œufs – une personne végétarienne devrait donc s'assurer que son apport en produits laitiers est adéquat. Le taux quotidien recommandé de la vitamine B$_{12}$ chez l'adulte est de 2,4 microgrammes. Chez les personnes de plus de 50 ans, il est recommandé de choisir des aliments enrichis en vitamines B$_{12}$.

Le fer et l'iode

Les minéraux sont aussi essentiels au bon fonctionnement de l'organisme et du cerveau. Le fer, notamment, entretient la mémoire et permet un bon apprentissage chez l'enfant – on le trouve principalement dans les viandes. L'iode joue également un rôle important en ce qui concerne les capacités cognitives et on en trouve dans les algues, le poisson, les crustacés, mais aussi dans le soja, les haricots verts et les laitages.

La créatine stimule le cerveau!

Impossible de ne pas glisser quelques mots sur la créatine puisqu'elle connaît depuis quelques années une popularité qui ne se dément pas.

La créatine est un acide aminé produit normalement par l'organisme, mais que l'on trouve également dans la viande rouge, et qui permet de stocker une énergie immédiatement utilisable. Commercialisée sous forme synthétique, cette substance accélère la prise de masse musculaire au cours d'exercices physiques. Au terme d'une recherche financée par le gouvernement australien, Caroline Rae, neurochimiste à l'Université de Sydney, conclut qu'un supplément de créatine peut améliorer considérablement les performances au cours de tests mentaux. Cette étude a en outre révélé que les facultés mémorielles et analytiques étaient plus développées chez les étudiants dopés à la créatine que chez ceux qui avaient absorbé le placebo. L'intensification de la circulation sanguine dans le cerveau accélère naturellement le métabolisme lorsqu'on doit fournir un effort mental, mais les cellules du cerveau ainsi éprouvées peuvent manquer d'énergie pendant quelques secondes. Ainsi, un complément de créatine peut répondre aux besoins du cerveau quand on doit réfléchir vite.

Chapitre 18

Activité physique et cerveau : une relation gagnante

U ne bonne gestion du stress, une alimentation saine et une activité physique équilibrée sont autant d'éléments à considérer si vous désirez développer, sinon garder, votre acuité intellectuelle.

Pendant un effort, le corps produit des substances chimiques qui améliorent l'humeur. Qui plus est, après une séance d'exercice, il n'est pas rare de se sentir quelque peu euphorique et énergique et ce, pour une période pouvant aller jusqu'à 48 heures. Une séance d'exercices vigoureux augmente la température du corps de 2 °C à 3 °C, ce qui procure un effet relaxant équivalant à la détente dans un bain chaud. Alors que les tranquillisants mettent de 30 à 60 minutes à agir, l'effet relaxant de l'exercice est quasi immédiat ; après seulement 4 ou 5 minutes d'un exercice léger, on observe une baisse sensible de l'activité électrique dans les muscles, ce qui signifie une diminution de la tension musculaire. Ainsi, 30 minutes d'activité physique assez intense aident à réduire l'anxiété passagère pendant une période pouvant varier de 2 à 4 heures. Plus encore, à long terme, la pratique régulière d'une activité physique diminue l'anxiété chronique et l'intensité des crises de panique.

Précisons enfin que les chercheurs ont remarqué que, en général, les personnes physiquement actives supportent mieux le stress que les autres, sans compter que l'activité physique améliore la confiance en soi et permet d'évacuer de manière positive, non seulement le stress, mais aussi l'anxiété et les frustrations.

Sur le strict plan biologique, l'exercice physique améliore la circulation sanguine, et par conséquent, la quantité d'oxygène dans le cerveau. Elle stimule également les dendrites et les synapses des neurones – un nombre important d'expériences prête actuellement à l'exercice physique la faculté d'amplifier le potentiel synaptique. En somme, l'activité favoriserait les connexions nerveuses. Or, dans le cerveau, ce n'est pas le nombre total de cellules qui importe comme leurs interactions. En ce sens, l'on croit aujourd'hui que l'exercice physique pourrait créer de nouveaux circuits nerveux qui élargiraient d'autant le champ des solutions lorsqu'on est confronté à un problème.

Ce n'est pas tout. L'exercice physique retarde également l'atrophie du tissu cérébral qui affecte souvent les personnes très âgées. Le cerveau des individus physiquement actifs perd beaucoup moins de matières grise et blanche que celui des personnes sédentaires – la matière grise abrite les neurones, indispensables à l'apprentissage et à la mémoire, tandis que la matière blanche se compare à un gigantesque réseau Internet de milliards d'interconnexions acheminant des signaux à travers le cerveau. Au moyen d'électroencéphalogrammes, des chercheurs ont pu constater que les exercices rythmiques

(marche, jogging, natation, patin à roues alignées, etc.) aug-
mentaient l'émission des ondes alpha dans le cerveau, ce qui
permet aux gens physiquement actifs de faire preuve d'une
plus grande capacité de concentration quand ils ont des problèmes abstraits à résoudre. L'exercice améliore également la
mémoire à court terme, l'esprit de décision et la capacité de
mener plusieurs tâches de front. Et cela, à tout âge.

Sommaire

Avant-propos
L'intelligence, c'est quoi ? 7

Chapitre 1
Intelligence et quotient intellectuel 9

Chapitre 2
Le rôle des deux hémisphères du cerveau 15

Chapitre 3
Mieux se connaître grâce au profil VAK 23

Chapitre 4
Intelligence : les huit formes de Gardner 29

Chapitre 5
Comment apprenez-vous ? 35

Chapitre 6
Mesurez votre intelligence linguistique 43

Chapitre 7
Mesurez votre intelligence logique/mathématique 57

Chapitre 8
Mesurez votre intelligence visuelle/spatiale 67

Chapitre 9
Mesurez votre intelligence interpersonnelle 77

Chapitre 10
Mesurez votre intelligence intrapersonnelle 81

Chapitre 11
Mesurez votre intelligence corporelle/kinesthésique 87

Chapitre 12
Mesurez votre intelligence musicale 93

Chapitre 13
Mesurez votre intelligence écologique 99

Chapitre 14
Mesurez votre intelligence créative 107

Chapitre 15
Mesurez votre intelligence intuitive 115

Chapitre 16
La mémoire : la clé des intelligences 121

Chapitre 17
**Intelligence et alimentation :
maximisez vos performances** 125

Chapitre 18
Activité physique et cerveau : une relation gagnante ... 131